傣族是云南少数民族大家庭中的重要成员之一，是古越人的后裔，有着悠久的历史文化传统。早在数千年前，其先民便在云南的澜沧江、怒江、金沙江、瑞丽江、元江等广袤地带生息繁衍，曾先后建立了许多著名的古国和地方政权，创造了绚丽多姿的古代文明。

走近中国少数民族丛书

主　编/丹珠昂奔

傣　族

Daizu

赵瑛　著

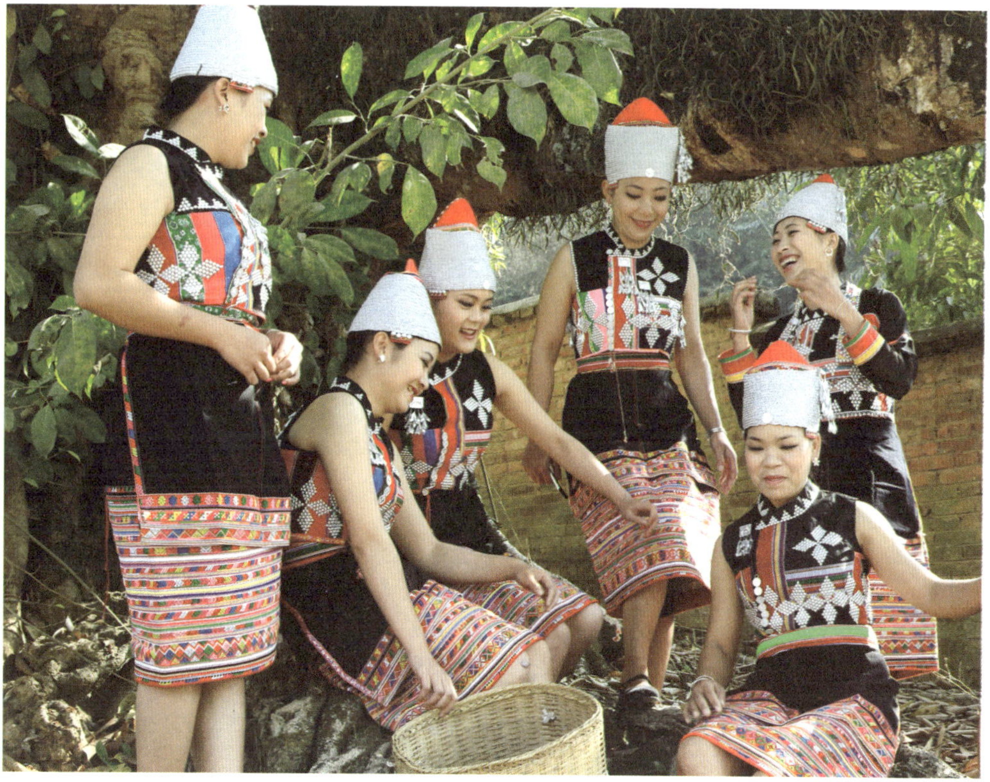

辽宁民族出版社

图书在版编目（CIP）数据

傣族 / 赵瑛著. —沈阳：辽宁民族出版社，2014. 12
（走近中国少数民族丛书 / 丹珠昂奔主编）
ISBN 978-7-5497-0936-6

Ⅰ. ①傣… Ⅱ. ①赵… Ⅲ. ①傣族—民族历史—中国 ②傣族—民族文化—中国 Ⅳ. ①K285.3

中国版本图书馆CIP数据核字（2014）第310596号

走近中国少数民族丛书·傣族
ZOUJIN ZHONGGUO SHAOSHUMINZU CONGSHU·DAIZU

丛书策划 / 李凤山

出版发行者：辽宁民族出版社
地　　址：沈阳市和平区十一纬路25号　邮编：110003
印 刷 者：沈阳市北陵印刷厂有限公司
幅面尺寸：170mm×240mm
印　　张：14
字　　数：200千字
出版时间：2014年12月第1版
印刷时间：2014年12月第1次印刷
责任编辑：李凤山　吴昕阳　白兰英
封面设计：杜　江
责任印制：杨　雪
责任校对：边京爱　林　华

标准书号：ISBN 978-7-5497-0936-6
定　　价：38.00元

法律顾问：陈　光

网　　址：www.lnmzcbs.com
举报电话：024-23284336
邮购电话：024-23284335
联系电话：024-23284340
淘宝网店：lnmz2013.taobao.com

《走近中国少数民族丛书》编辑委员会

《走近中国少数民族丛书》作者名录

《蒙古族》 萨仁图娅（蒙古族）
《回族》 许宪隆（回族） 张龙（汉族）
《藏族》 丹珠昂奔（藏族）
《维吾尔族》 艾克拜尔·吾拉木（维吾尔族）
买力克·买买提（维吾尔族）
伊利迪尔（维吾尔族）
《苗族》 石莉芸（苗族） 李云兵（苗族）
《彝族》 陈国光（彝族）
《壮族》 黄佩华（壮族）
《布依族》 周国炎（布依族）
《朝鲜族》 黄有福（朝鲜族）
《满族》 于今（满族）
《侗族》 杨筑慧（侗族）
《瑶族》 玉时阶（壮族）
《白族》 董建中（白族）
《土家族》 罗中（土家族） 罗午（土家族）
《哈尼族》 朱志民（哈尼族） 李泽然（哈尼族）
《哈萨克族》 艾克拜尔·米吉提（哈萨克族）
伊拉达·拉音别克（哈萨克族）
《傣族》 赵瑛（傣族）
《黎族》 罗文雄（黎族）
《傈僳族》 鲁建彪（傈僳族） 欧光明（傈僳族）
《佤族》 郭锐（佤族）
《畲族》 钟亮（畲族）
《台湾少数民族》 林华（台湾少数民族）
《拉祜族》 苏翠薇（拉祜族）
《水族》 韦学纯（水族）
《东乡族》 马兆熙（东乡族） 马自祥（东乡族）
《纳西族》 白庚胜（纳西族） 孙淑玲（汉族）
白羲（纳西族）
《景颇族》 金黎燕（景颇族）

《柯尔克孜族》 阿地里·居玛吐尔地（柯尔克孜族）
《土族》 祁进玉（土族） 东永学（土族）
《达斡尔族》 毅松（达斡尔族）
《仫佬族》 黎学锐（仫佬族） 黎炼（仫佬族）
《羌族》 雍继荣（羌族） 罗吉华（羌族）
周发成（羌族）
《布朗族》 陶玉明（布朗族）
《撒拉族》 马成俊（撒拉族） 马建新（撒拉族）
《毛南族》 韩德明（汉族）
《仡佬族》 周小艺（仡佬族）
《锡伯族》 阿苏（锡伯族） 盛丰田（锡伯族）
何荣伟（锡伯族）
《阿昌族》 们发延（阿昌族） 张斯齐（蒙古族）
《普米族》 朱凌飞（汉族） 杨周明（普米族）
《塔吉克族》 西仁·库尔班（塔吉克族）
阿力木江·西仁（塔吉克族）
《怒族》 李月英（傈僳族） 张芮婕（傈僳族）
《乌孜别克族》 吾尔买提江·阿布都热合曼（乌孜别克族）
《俄罗斯族》 乃珂热曼·依布拉音（塔吉克族）
《鄂温克族》 黄任远（汉族） 那晓波（鄂温克族）
《德昂族》 袁丽华（汉族） 王燕（汉族）
《保安族》 马少青（保安族）
《裕固族》 董潇红（裕固族） 王政德（藏族）
《京族》 吕俊彪（汉族）
《塔塔尔族》 卡米力·库尔马尤夫（塔塔尔族）
《独龙族》 李金明（独龙族）
《鄂伦春族》 王为华（汉族）
《赫哲族》 黄任远（汉族）
《门巴族》 陈立明（汉族） 张媛（汉族）
《珞巴族》 陈立明（汉族） 李锦萍（汉族）
《基诺族》 朱映占（汉族）

总序

中国是一个统一的多民族国家，几千年来，有着悠久历史和灿烂文化的少数民族，与汉族一道，在中华大地上繁衍生息，共同开发着这块土地，建设、发展、捍卫着这个古老而伟大的国家。各民族都是兄弟，相互离不开，都是这个国家的主人。习近平总书记在第二次中央新疆工作座谈会上发表重要讲话，指出："要坚定不移坚持党的民族政策、坚持民族区域自治制度。民族团结是各族人民的生命线。要高举各民族大团结的旗帜，在各民族中牢固树立国家意识、公民意识、中华民族共同体意识，最大限度团结依靠各族群众，使每个民族、每个公民都为实现中华民族伟大复兴的中国梦贡献力量，共享祖国繁荣发展的成果。各民族要相互了解、相互尊重、相互包容、相互欣赏、相互学习、相互帮助，像石榴籽那样紧紧抱在一起。要在各族群众中牢固树立正确的祖国观、民族观，弘扬社会主义核心价值体系和社会主义核心价值观，增强各族群众对伟大祖国的认同、对中华民族的认同、对中华文化的认同、对中国特色社会主义道路的认同。"因此，坚持平等、团结、互助、和谐的社会主义民族关系，不断增进了解、紧密关系，深化友谊、建立牢不可破的感情基础，是中国社会转型期、改革攻坚期、矛盾多发期保持社会稳定、发展的基本要求，也是实现中华民族伟大复兴的中国梦的基本要求。

为了进一步宣传我国少数民族的历史文化和民族风情，增强对少数民族的认识，宣传党的民族政策和方针，加强各民族之间的了解与沟通，让读者了解少数民族文化，加深对我党民族政策的理解，中华人民共和国国家民族事务委员会文化宣传司和辽宁民族出版社共同策划了《走近中国少数民族丛书》。

依据上述原则，《走近中国少数民族丛书》的编写有以下三个特点：第一，采用图文并茂的形式、鲜活生动的语言、特色浓郁的图片以及丰富的民族常识链接，向读者展示我国55个少数民族的历史渊源、民族变迁、社会生活、文化艺术、风俗习惯、历史人物和民族区域自治政策的伟大实践。第二，作者多为本民族专家学者和与民族研究工作相关的专家学者，对自己撰述的对象既有深厚知识积累，也有真挚情感。第三，内容彰显了历史与现实、民族文化与地域文化、民族区域自治地方与散杂居地区少数民族生产生活的多彩画卷和轨迹，引导读者走近少数民族，聆听他们的古老传说，感受他们的发展变化，加深彼此的沟通和了解。这套《走近中国少数民族丛书》是面向民族干部和各级干部通览我国少数民族概况的普及读本，也是图书馆必备藏书。

《走近中国少数民族丛书》所揭示的每一个民族的历史，都承载着这个民族的文化，也承载着这个民族的发展和未来。中华大地孕育的55个少数民族多彩斑斓的民族文化，同汉族文化一道从远古走到今天，汇入了中华文化壮阔的历史长河。“共同团结奋斗，共同繁荣发展”，保护、传承和弘扬少数民族优秀文化，不仅是推动我国民族团结进步事业的重要内容，也是构建和谐社会、实现中华民族伟大复兴的中国梦的重要使命。期待通过《走近中国少数民族丛书》，使广大读者徜徉于少数民族多彩风情的同时，更加深刻地了解和认知中华民族多元一体的文化内涵，感受中华民族悠悠历史的深远与厚重。

丹珠昂奔

2014年6月26日

前言

傣族 西南边疆古越人文化的传承者

美丽神奇的云南，是人类重要的发祥地之一。早在新石器时代，云南就有氐羌、百越、百濮等系统的原始族群分布，这些不同的原始族群，同当地土著融合与交流，共同创造了云南各民族的灿烂文化。作为人类文明的摇篮之地，这里土地广袤、资源丰富、山川绮丽、风景优美。大自然的鬼斧神工，使云南成为我国乃至世界上生态环境多样性、生物多样性和民族文化多样性最丰富的地区，因而被赞誉为“动植物王国”“香料之乡”“天然花园”“药物宝库”等。在这片孕育悠久历史和古老文明的土地上，居住着汉族、彝族、白族、哈尼族、壮族、傣族等26个兄弟民族，他们以特有的文化瑰宝、民族风情和自然风光，向世人展示着勤劳、勇敢和智慧的风采。

傣族是云南少数民族大家庭中的重要成员之一，是古越人的后裔，有着悠久的历史文化传统。早在数千年前，其先民便在云南的澜沧江、怒江、金沙江、瑞丽江、元江等广袤地带生息繁衍，曾先后建立了许多著名的古国和地方政权，创造了绚丽多姿的古代文明。在随后漫长的岁月中，傣族先民不断发展壮大。因为众多的历史原因，他们通过多条路线，在不同的历史时期，不断向云南南部、西部、西南部和整个中南半岛的北部迁徙和分布。所以，时至今日，傣族除分布于中国的云南省外，还广泛分布于泰国、越南、缅甸、老挝、印度等国家。在漫长的历史长河中，傣族人民用自己的智慧创造了丰富多彩的物质文化和精神文化，成为中华文化的重要组成部分。他们的贝叶经、泼水节闻名遐迩；“五大诗王”“六大情诗”家喻户晓；饮食文化堪称一绝，独具特色；服饰艺术异彩纷呈，尽显傣族女性修长秀美、婀娜多姿的身姿；远古时期的手工造纸和制陶技术完整保留。特别是他们多生活在亚热带地区，得天独厚的自然环境和丰富的物产资源，使得他们形成了种水稻、居干栏、嗜糯米、嚼槟榔、织彩锦、竜崇拜、使用铜鼓和竹器、龙舟竞渡等独具特色的生产生活习俗，并代代相传，延续至今。这些独具魅力的傣族传统文化，为傣族民俗文化研究提供了丰富的资料。

通观傣族的历史和文化，大致有以下特点：

第一，傣族是一个跨境民族，现有人口126万余人。与境外的泰老掸等民族共同构成了“傣泰民族文化圈”和“南传佛教文化区”，总人口9 000余万，支系繁多。在中国，有傣泐、傣那（傣勒）、傣亚（傣雅）、傣皓（白傣）、傣朗（黑傣）、傣亮（红傣）、傣痕、傣绷、傣格、傣洒、傣折角、傣卡、傣仲、傣得、傣涨、傣尤、傣尤倮、傣倮等支系。尽管他们有着不同的自称或他称，分化为不同的支系，但却有着共同的根、共同的祖先和共同的文化语言特征。

第二，具有多元复合的民族文化特征，是一种兼容并蓄的开放型文化。傣泰民族分布区域正好是亚洲大陆腹地与中南半岛和印巴次大陆的接合部。这一特定的地理位置使这一地区成为中国文化和东南亚文化、印度文化三大文化圈的交会点和边缘重合地带。数千年来，在这片土地上生息繁衍的傣泰民族，在不断发展壮大的同时，既保持了本民族固有的传统文化因素，又以包容、开放的思想，兼容并蓄，吸纳了中原华夏文化、印度文化和东南亚土著文化等多种文化的精髓，并加以丰富和发展，形成了一种开放型的多元复合的民族传统文化。

第三，是一种绿色生态文化。傣族生活于亚热带的河谷平原地带，构成了以水、热、绿为特征的热区生态文化。其核心就是热爱自然、敬仰自然，追求人与自然和谐相处。傣族谚语“有树才有水，有水才有田，有田才有粮，有粮才有人”，一是充分反映了傣族这样一种良性循环的生态观念，对当今社会仍具有一定的现实意义；二是揭示出傣族是一个善于种植水稻的民族，他们依赖水，离不开水。因为没有水，水稻种植就如同无源之水，无本之木，所以，爱水敬水是他们的传统。并且，围绕着水产生了一系列的水文化和稻作文化，这也使得种族得以繁衍、生存和发展壮大，傣族也因此被誉为“水的民族”。

第四，宗教文化浓郁，具有二元宗教文化的特征。傣族既信仰原始宗教，又信仰南传上座部佛教，两者和而不同，共生共长。尤其是佛教传入傣族地区后，傣族的政治、经济、文化、教育、法律、历法、文学、艺术、社会生活、民族心理素质、民族性格、思维方式、价值观念、世界观、人生观等各个领域，均受到了南传佛教的深刻影响。换言之，在南传佛教的影响下，傣族的传统文化得到了丰富和发展。在“村村有佛寺，寨寨有僧侣，佛经如山，佛塔如林，朝佛诵经活动终年不绝”的宗教氛围中，傣族民众处处受到佛教精神的熏陶，人人重视佛教的律己精神，从而构建了傣族和美、和谐、安宁的社会风貌。

《走近中国少数民族丛书·傣族》较为全面地介绍了这个民族的历史渊源、风俗习惯、宗教信仰、传统文化、历史名人、自治州和自治县发展现状等，图文并茂，具有知识性、可读性和趣味性，同时也可满足不同层次的人群了解傣族文化的需求，弘扬傣族文化，使之面向未来，走向世界。

目录

第一章
亘古历史
源远流长

傣族是古越人后裔的重要一支。早在数千年前，傣族先民便在云南的澜沧江、怒江、金沙江、瑞丽江、元江等广袤地带生息繁衍，曾先后建立了许多著名的古国和地方政权，创造了绚丽多姿的古代文明。自汉武帝开发西南夷，特别是唐宋以来，云南的大部分傣族先民被纳入了中央王朝的统治范围。随着傣族势力范围的扩大以及政治势力的迅速崛起，其社会经济也同时进入了一个新的发展时期，灌溉农业、金属业、纺织业以及商业等均有了全面发展，他们为开发和建设云南边疆做出了贡献。

从越人到傣泰民族

傣族有着悠久的历史文化传统，是古越人的后裔。早在两千年前，古代中国的长江流域、珠江流域、澜沧江流域地区，便是越人诞生的摇篮。越人内部“各有种姓”，今长江三角洲一带称“于越”；扬州一带称“扬越”；广东一带称“南越”；浙江一带称“吴越”；福建境内称“闽越”；分布今广西南部、西南部，贵州中南部，云南东南部，广东西南部，海南省及中南半岛北部的称“骆越”；散居江汉一带的称“山越”；云南西部德宏地区、缅甸南北掸邦一带称“滇越”；分布于云南省南部、西南部和中南半岛北部广大地区的称“越裳”；以滇池地区为中心的云南省中部及东部一带的称“滇人”……由于这些越民族群体人口众多，支系繁杂，分布地域广阔，成为同属一族而互不统属的不同民族或部落，所以，汉族史学家们将这些越民族群体称为“百越”，此后，“百越”或“百粤”便成为越民族群体各支的统称。

▲

万家坝型铜鼓

从古越人群体的分布区域来看，越人不仅遍布我国东南沿海及两广地区，古代云南也有大量的越人。从文化特征上来看，百越民族有着许多共同的文化因子，诸如汉文史籍中记载的“断发文身”“雕题黑齿”“喜食异物”“处溪谷之间，篁竹之中”“习于水斗，便于用舟”“龙舟鹢首，浮吹以娱”“项髻徒跣，冠头而着”等等。而从考古材料来看，其所反映的越人区的文化特征有：肩石斧、段石锛、印文陶、铜鼓、靴形铜斧、稻谷遗迹和干栏式建筑等。这些居住在不同地区的越人，在漫长的历史发展进程中，均发生了不同程度的变化。其中，部分越人（诸如江苏、浙江、江西、福建、广东等地区的古代越人，主要是于越、东瓯、扬越、闽越、山越和部分南越）因多元一体统治、通商贾、移民众、战争、杂居、通婚及受中原文化（主要是汉民族文化）的影响，最终被同化为汉人，成为当地汉族的一个重要来源。而一些越人（西瓯、骆越和部分南越，今广西、贵州、海南等地），虽然受外来的军事征服及汉族先进经济文化等诸多因素的深刻影响，但他们并没有被同化，依然保持着自身的语言和文化特征，与其他越人群体相比，这里的越人汉化程度较高，并在后来发展成为越人群体中较为先进的族群（如壮族等）。另外一些越人（滇越、越裳、滇人、部分骆越等），主要是古代云南省西南部，老挝、越南北部及泰国中部和北部，缅甸东北部及印度阿萨姆大部分地区的越人，受到了多元文化的影响：一是中原文化的渗透和影响，但因远离中央王朝，民族语言、文化习俗还保留完好，未被同化；二是佛教文化尤其是南传上座部佛教对其产生了重大影响，“它改变了越人的文化走向，丰富了越人的文化内涵，重塑了越人的文化性格，推动了越人的文字创造”。毫无疑问，南传上座部佛教的影响推动了此部分越人社会、历史、文化等的全面发展，并在内外部诸多因素的影响和制约下，经过融合、分化与重新组合，形成了现代壮侗民族和傣泰民族（傣、泰、老、掸各族）。

有字勾头陶瓦

铜佛像

从古越人发展到傣泰民族，其历史是极其漫长的。远在公元前9世纪，在越人分布地区出现了越裳国；公元前5世纪中叶至公元1世纪初，古滇国开始在云南滇池区域崛起。进入西汉中期以后，长江以南的更多越人涌向云南南部及东南亚北部地区，与当地原有越人合为一股，形成一支足与其他民族抗衡的巨大势力，并先后建有滇越国（公元前1世纪）、掸国（Siam，东汉）、蓬国（Pong，公元1世纪）、勐泐国（公元1—2世纪）、文单（Veng Siam，公元7世纪）、参半（Siam Ban，公元7世纪）等著名的古国。

在随后漫长的岁月中，傣泰民族不断壮大。因为众多的历史原因，他们通过多条路线，在不同的时期，先后经过了一个很长的历史阶段，不断向云南南部、西部、西南部和整个中南半岛的北部迁徙和分布，尤其是沿着金沙江、怒江（萨尔温江）、元江（红河）、澜沧江（湄公河）等大江大河流域迁移，到唐宋时期傣族在云南有了广泛的分布。所以，东南亚越人的势力愈来愈大，占地也越来越广。因此，大约从公元10世纪以后，一些古代国家相继出现，如印度阿萨姆邦的阿洪王国，缅甸掸邦等地的憍赏弥王国（公元10世纪），泰国的庸那迦王国（公元10世纪前后）、兰那王国（1296年或公元13世纪）和素可泰王国（公元13世纪），老挝的澜沧王国，还有西双版纳的景龙金殿国（1180年或公元12世纪）和德宏地区的麓川政权（公元13世纪）等，这些王国都是由当地越系民族所建立。随着这些古代王国的出现，傣泰民族进入了大发展时期。不仅加快了傣泰民族社会和生产力的发展，而且，随着现代国家的出现，原具有共源民族亲缘关系的各部分，开始分属于不同的国家，加之后来由于所处的地理环境不同，与周边民族关系的不同，受外来文化影响的不同等诸多因素，使得具有共源关系的傣泰民族群体，开始向着异流的方向分化与发展。最终到近现代形成具有亲缘族属关系，但又有差别的傣、泰、老、掸、阿洪傣等现代意识支配下的民族群体。

古文献中的历史

傣文文献之历史记述

云南是傣泰民族的发祥地之一，傣族作为古越人后裔的重要一支，其先民是云南古越人的代表。很早以前，傣族先民便在澜沧江、怒江和红河等广袤地带生息繁衍，在漫长的历史发展进程中，傣族大致经历了原始社会、奴隶社会和封建社会这三个不同的历史发展阶段，据此，傣文史籍记载的民间传说把傣族历史大致划分为三个时期：

第一时期叫“滇腊撒哈”（大约在公元前540年之前），又称“橄榄时代”，此时期的傣族社会“冒米召，冒米洼，冒米淌”，意即没有官（头人）、没有佛寺、没有负担（剥削）的时代；

佛咒衣

第二时期叫“莫腊撒哈”（大约从公元前540年到700年之间），又称“食米时代”，此时期的傣族社会“米召，米洼，莫米淌”，意即有官、有佛寺，没有负担的时代；

第三时期叫“米腊撒哈”（大约从公元700年到1950年），此时期的傣族社会“米召，米洼，米淌”，意即有官、有佛寺、有负担的时代。

上述记载虽系故事传说，且不是信史，但却是傣族先民对傣族社会发展的一种最为朴素的诠释，基本勾勒出了傣族远古社会发展的一般进程，因而它同样具有重要的参考价值。

另外，傣文史籍《泐西双邦》及《勐泐王族世系》也提到：在叭真（或帕雅真）于1180年建立“景龙金殿国”之前，今西双版纳一带曾出现过一个由傣族先民建立的早期政权，名叫“泐西双邦”。该政权大约建于公元1—2世纪（也有公元7世纪之说），相继世袭了十三世。首任国王召法龙磨罕得到了中原王朝的认可和册封，及至十三世国王召桑洛死后，各地部落兼并混战共持续了257年，直到叭真统一各部，建立了“景龙金殿国”为止。尽管叭真之前的傣族历史不是十分清晰，但这两本傣文史籍却为研究傣族历史提供了重要的线索和依据。

负担银片

汉文史籍中的傣族先民

除了傣文文献外，汉文史籍也大量记载了傣族先民的情况。在不同的历史时期，傣族先民曾以各种称谓出现于我国历史文献中，而最早见于史籍的是西汉的“滇越”和东汉的“掸国”。滇越又名“乘象国”，关于滇越的疆域，学术界普遍认为是在今天的云南保山及德宏一带，缅甸北部及印度的阿萨姆等地区，说明远在秦汉时期，傣泰民族的先民已居住在今天的云南境内，这与傣族先民的分布基本相符。魏晋时期，傣族先民被称为“越”“濮”“獠”“鸠獠”等；唐代则被称为黑齿蛮、金齿蛮、银齿蛮、绣脚蛮、绣面蛮、雕题、茫蛮和白衣等；元代则沿袭唐朝的称呼，称傣族先民为“金齿百夷”“金齿”“白衣”“百夷”“白夷”；明代，汉文献将“金齿百夷”改称为“百夷”；清代，“百夷”又多写为“摆夷”。这些历史文献中对傣族先民的称谓均系他称，而“傣”（Dai或Tai）才是本民族的自称，国外通常写作Tai，泛指一切共源的傣泰民族，Thai则专指泰国的泰族。各地傣族因支系不同、居住区域不同、文化习俗不同等多种因素的影响，也有各种自称，如傣泐（西双版纳）、傣那（德宏）、傣德（瑞丽、孟连）、傣雅（新平）、傣端（金平）、傣仲或傣拉（元江、红河）等。

傣族与中原王朝的关系

自古以来，傣族先民就与中原王朝一直保持着紧密的联系。自汉武帝开发西南夷、设置益州郡以来，居住在云南的大部分傣族先民纳入了中原王朝的统治范围，从此加深了傣族先民与中原王朝的政治经济联系。到了东汉时期，掸国国王“遣使贡献”，以示臣服。由于深得东汉王朝的赏识，掸国国王雍由调被封赐为“汉大都尉”（边郡太守），赐金印紫绶。这一官职的任命及掸国三十余年连续不断的朝贡，不仅促进了掸国政权的统一和发展，而且在政治上进一步巩固了傣族先民与东汉王朝的联系。

唐宋时期，南诏及大理地方政权对其属下的金齿、茫蛮各部实行羁縻政策，并征调金齿各部负担兵役。这一时期的傣族先民，政治、社会、经济较之同区域的其他民族群体先进，相继建立了一些地方政权，如：相传10世纪前后建立起来的联合王国——庸那迦国，其中，西双版纳境内的“勐泐国”是联合王国的重要成员之一；同时期，滇西德宏傣族地区也出现了一个由勐生威、勐兴古、勐底和勐卯四个地区组成的部落联盟——“憍赏弥国”；1180年，居住在西双版纳的傣族先民建立了“景龙金殿国”，这是统属于南宋王朝疆域内的一个地方政权组织，南宋朝廷向景龙国主叭真“颁发一虎头金印，命为一方之主”。叭真之子即位后被赐封为“九江王”，每年按时向南宋王朝进贡方物，“进贡之礼为九年大贡一次，又五年小贡一次”，与天朝始终保持着密切的臣属关系。随着傣族先民势力范围的扩大以及政治势力的迅速崛起，他们的社会经济也同时进入了一个新的发展时期，灌溉农业、金属业、纺织业以及商业等均有了全面发展。在农业生产方面，普遍使用牛耕和象耕，兴修水利，种植水稻，已跨入犁耕农业的发展阶段。手工业方面，金齿、茫蛮部落妇女制作的“五色布”因“质优色美”而闻名遐迩；冶炼金属，制作金属用品技术的掌握，使得傣族开始跨入了人类发展史上的一个重要阶段——铁器时代，社会生产力由此得到极大提高，推动了社会经济的迅速发展。此外，傣族先民善取卤制盐，其地盛产茶叶，也让他们在经济发展中处于较为优越的地位。并且，傣族居住地自古就是中国通往印度等国商贸通道的必经之地，这在很大程度上促进了傣族商品贸易的发展。

耿马宣抚司印侧面

孟定府印

元朝初年，忽必烈以昆明为中心建立了云南行省，将傣族地区全部纳入其内地行政系统，西部和南部傣族先后归附并被纳入行省。为加强对傣族地区的统治，至元十三年（1276），将原设在西部傣族地区的金齿安抚司升为金齿宣抚司，立金齿六路，分建六路总管府。而在南部傣族地区，元朝统治者以车里为中心建立了车里军民总管府，并在它的西面和南面的一些白夷部落（勐良、景东等地）相继建立了一些新的政权机构。泰定帝时，八百媳妇（土司名）降元，元朝在今清迈、清线一带建立了政权机构。至顺二年（1331），改蒙庆宣慰司为八百等处宣慰司。元朝不仅在怒江、澜沧江、红河流域傣族地区设立政权机构，而且还建立了“置郡县、署守令、行赋役、施政化”及“定租赋、置邮传、立卫兵”等一系列制度，对这一地区封建经济的发展，起到了重要的推进作用，同时也大大加强了傣族地区与内地的联系。元朝末期，德宏和西双版纳等地的傣族社会动荡不安，部落间为了土地兼并，争夺统治权力的大小战争持续不断。滇西麓川思可

车里军民总管府印

法势力在此时迅速崛起，日益强大，由于该政权危及元朝对云南的统一，元朝统治者采取了许多措施来加以对付，建立了一整套政治经济制度对其实施统治。

明朝在元代基础上巩固和加强其在傣族地区的政治设置。三征麓川之后，思氏麓川政权基本被摧毁，明王朝撤销了麓川平缅宣慰司，为适应傣族封建领主经济分散的特点，在怒江以西和以东各傣族地区设立了宣抚司、安抚司、长官司等，以进一步巩固其统治。此外，在南部设景东、元江等府，威远、新化等州，以及八百大甸、老挝等军民宣慰使司，并在1384年改车里军民府为车里军民宣慰使司，在云南全省及广大傣族地区任用土司土官，对傣族地区的统治比元朝更加深入。1570年，车里宣慰使刀应勐将其所辖区域划分为12个提供封建负担的行政单位——西双版纳（意即十二千田）。此时，是各地傣族经济文化重大发展变化的时期。首先，在元明王朝加强对傣族地区实施统治的过程中，土司制度的设置，无疑把傣族地区置于同中原一样的政区制度之下，这不仅巩固了对傣族地区的统治，促使边疆和内地关系进一步密切，而且起到安定边疆、缓和民族矛盾的积极作用。但是，在封建朝廷的统治之下，傣族人民也面临着双重经济剥削，一方面要深受封建朝廷以差发、朝贡、额外征收、官吏的贪污掠夺等方式所进行的剥削；另一方面，在土司制度下，傣族人民同样要负担

土司印

大清康熙四年芒市长官放廷定始创——芒市五云寺内现存的以汉傣两种文字阴刻的木匾

土司的盘剥。其次，元明以来大量汉族人口迁入，尤其明代是内地人民移居云南和傣族地区的高潮，造成傣族和内地各族人民进一步的融合与同化。卫所和屯田制的实施，内地封建经济向傣族地区的渗透，以及先进的生产技术、科学文化在傣族地区的广为传播，促使傣族地区的封建经济发生了深刻的变化，诸如农业生产的不断发展，发达的手工业，繁荣的商品经济等等，尤其是史书中所记载的“鱼盐之利，贸易之便，莫如车里”，更是展现了当时西双版纳傣族地区的贸易盛况。

清代对云南少数民族的统治，基本沿袭明代的土司制度，同时也采用明朝统治者的办法，不断地进行改土归流。其原因一是可满足清朝政府直接统治傣族地区的欲望；二是由于土司制度阻碍了经济生产的发展。所以，清政府采取了各种策略进行改土归流。1840年鸦片战争后，在封建主义、帝国主义及大民族主义的压迫和剥削统治下，云南边疆的阶级矛盾以及各族人民与外国帝国主义的矛盾日益尖锐，为此，傣族人民与其他各民族一起投入到了无数次的反帝反封建和反土司的斗争中。

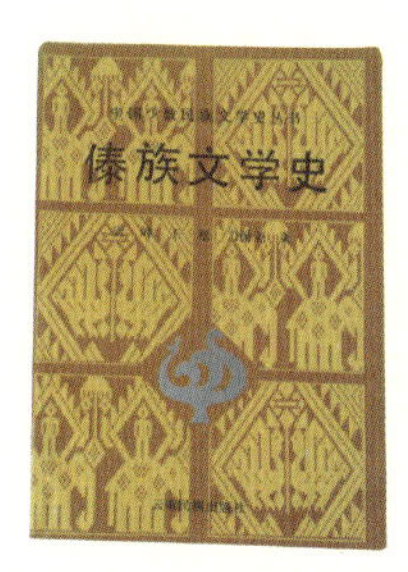

《傣族文学史》书影

神话中的族源

傣族的创世神话，既是原始神话中最古老的一部分，也是傣族文化史上最光辉的一页。它作为早期人类社会的“活化石”，具有珍贵的文学价值和科学价值。在神话的世界里，傣族先民以各种美丽神奇的幻想，不仅对天地万物的形成做出了朴素的解释，而且对人类自身的起源进行了探讨。关于人类的起源，傣族做出了各种解释，如《污垢泥人》《人类果》《葫芦人》等，其中，《污垢泥人》讲述了人类是神用污垢和泥巴捏出来的：

布桑嘎神创世界（选自《创世史》插图）

英叭神完成了开天辟地的创世业绩后，见天地间空荡荡的，地球上既没有人，也没有动物和花草树木，只有光秃秃的土地和茫茫无际的海水。整个地球，到处是一片沉寂与昏暗。英叭神感到自己的创世任务尚未完成，便搓下身上的污垢，按照自己的模样捏了两个污垢人，一男一女，男的叫布桑嘎，女的叫雅桑嘎。英叭神让他们结为夫妻，并让他们携带着仙葫芦来到地球上，创造人类和万物。

雅桑嘎神造万物（选自《创世史》插图）

布桑嘎、雅桑嘎来到地球上以后，把仙葫芦从中间破开，只见里面有千千万万个活着的生命在跳动。于是他们把仙葫芦籽撒向天空，撒遍整个地球。仙葫芦籽撒到了天空，天空顿时繁星满天，日月光亮；仙葫芦籽撒到地球上，地球顿时草木葱茏，鲜花盛开，瓜果喷香。整个地球呈现出一派欣欣向荣、绚丽多彩的景象。

可是，那时候地球上仍然没有人和其他动物，因为仙葫芦种子里，没有孕育人和其他动物的生命。并且，布桑嘎和雅桑嘎虽有男女之别，却不会繁衍后代。于是，他们按照神的意志，决定花费一百年的工夫，亲手造就人和自然界的千万种动物。老夫妇俩日夜不停地工作着。首先，他们用泥巴来捏造人形，布桑嘎捏造的是男人，雅桑嘎捏造的是女人。泥像人捏造成功后，布桑嘎和雅桑嘎就让他们结成一对夫妻，赋予他们生命、灵魂与活力，让他们承受日光风雨的洗礼。经过很长的一段时间后，这对泥巴夫妇终于变成了活人，开始行走在地球上面。然而，他们还没有语言，不会说话，布桑嘎和雅桑嘎又赋予他们以语言，教他们说话和动脑筋，还给他们取了个特别的名字，叫作“人”。从这个时候起，地球上就有了人。他们在布桑嘎和雅桑嘎的保护和指点下，逐步学会了劳动及觅食。在变幻莫测、错综复杂的地球上，开始了人类的生涯……

神话《人类果》（《神果园》）则是傣族先民对人类起源的另外一种解释：

英叭神开创好了天地之后，接着又创造了成千上万的神，这些神都住在天上，轮流着侍候英叭神。这时，英叭神闲着没事，睁大神眼观望大地，看见大地上空飘着各种颜色的云。于是，他将这些有色彩的云变成一张巨大的有色彩的草席，有色彩的草席一铺到大地上，立即变成一座美丽的神果园，开出各种各样的鲜花，结满了各种各样的神果。英叭神担心天上的神下去偷吃，失尽神的本领。于是英叭神左思右想，只得再用污垢捏了两个神，一个叫贡神，一个叫曼神，叫他们去看守神果园。英叭神虽然赋

《贝叶文库》

予了他们生命和语言，却不传授思考和智慧。贡、曼二神很尽职，终年守护着神果园，一步也不离开。后来，天上有个冒犯了天规的神，使用法术变成一条绿蛇悄悄来到神果园里，骗取了贡、曼二神的信任，偷吃了一个神果，于是脱了一层蛇皮，变得更加漂亮。贡、曼二神在绿蛇的引诱下，也跟着蛇摘下一个神果来吃。谁知，他们吃的是人类果，吃下后立即失去了神性。变成了人，但没有生殖器，不会生儿育女。蛇又教他俩吃生殖果，两人便有了生殖器，一个变成男人，一个变成女人，并结成了夫妻，从此，大地上便有了人类。

除了上述两则神话对人类的起源进行了朴素的解释外，傣族创世史诗《巴塔麻嘎捧尚罗》中的“葫芦人的传说”也讲道：

大火毁灭了天地和人类之后，神又再次造了天地和人类。可是，这第二代人种不纯真，有的有两张脸，有的有三张脸，有的眼睛竖着，有的耳朵横着，有的脸皮比土层厚，有的长得比树还高。更使神愤怒的是这代人种贪婪心最黑，言语尖酸刻薄，忘了做人的规矩，父亲逼女儿做妻子，母亲与亲子交配。神见了气愤得破口大骂：“这代人不好，美丑都不分，比动物还蠢，他们不是人。”于是，唤来海神和水神用滔滔洪水，要把这第二代人种毁灭。洪水淹没了天，淹没了地，第二代人种全都绝灭了。但为了不让人种灭绝，神在毁灭天地和人类前，精心选留了一对刚脱离母体的婴儿，藏进葫芦之中，在洪水中得以生存。于是，洪水上面漂着一个金葫芦，洪水涨，葫芦往上浮，洪水落，葫芦往下沉，洪水流到哪里，葫芦就漂到哪里，一直漂了一万年。后来，神不发怒了，天空晴朗了，大地温暖了，金葫芦碰在一个石头上，轰的一声炸开，从里面走出一男一女两兄妹。不久，这两兄妹结成了夫妻，又开始繁衍人类。这就是第三代人种——葫芦人。

关于人类的起源问题，一直都是人们孜孜不倦努力探索的重大问题。现代人运用解剖学、考古学、体质人类学、胚胎学等的研究成果，证明了人类是由古猿进化而来的。而傣族先民在试图解答人类起源时，因认识世界的能力有限以及思维发展水平的低下，确乎在尽其知识所允许的限度解答这个问题，因而产生了神变人说、神造人（污垢泥人）说和人从葫芦出等。这些貌似荒诞不经的神话，解释了傣族的族源来历，是英叭神、布桑嘎、雅桑

▲

民间孔雀舞

嘎创造了傣族人，布桑嘎、雅桑嘎是人类的始祖。毫无疑问，这些神话是傣族先民以丰富而奇特的想象力，对自身来源进行思考和认识的结果，凝聚着古代先民们的智慧和才能，其中无不流露出朴素的唯物主义思想，蕴含着丰富的哲学思想的胚芽。尽管泥土造人、葫芦生人的神话普遍存在于世界上许多国家和民族当中，但傣族的人类起源神话却具有鲜明的民族特色：

一、人由神用污垢或泥土捏制而成，反映了傣族先民具有“天地和人类都来自某种物质”的朴素认识，同时也从另一个角度反证傣族先民可能已发明了陶器，制陶术已经普遍化，其发展已形成一定的规模，而泥土造人正是现实世界的折光反映，它透露出傣族先民已从蒙昧时代进入到野蛮时代。二、从第一代和第二代人种毁灭直到第三代人种的诞生，生动地反映了傣族先民对于人类自身发展的各个不同阶段的认识，已经产生了最为原始的进化论萌芽，即人类是在不断进化的过程中发展起来的。三、葫芦出人神话的产生，与傣族先民生存的自然环境以及生产生活有着密切的联系；葫芦多籽，结果多，且生命力强，象征着生命与繁衍，故古代先民视葫芦为孕育人类生命的物种而加以崇拜。四、从葫芦人兄妹成婚繁衍人类来看，妹妹为了人种的留存和人类的繁衍，在迫不得已的情况下与哥哥成婚，这证明傣族历史上确实存在过兄妹婚的阶段。与此同时，神话也通过妹妹最初因感羞耻而拒婚的心理状态对兄妹婚进行了谴责和抵制，反映了傣族先民在婚姻制度上以及与此相联系的婚姻观念上的一种进步，即对血缘近亲婚配制的否定，从一个侧面揭示了古代傣族的伦理道德观念。

传说中的迁徙与傣族南迁

关于傣族先民的迁徙，他们是在不同的起始地、不同的时间、不同的批次、不同的路线及不同的规模中进行的，也就是说，迁徙的时间先后不同、规模大小不一、迁徙的起始地和路线均不同。傣文《本勐傣泐西双邦》《帕萨坦》《西贺勐龙》《沙都加罗》等多部古籍中都谈到了傣族祖先原来居住在北方寒冷的山洞里，后来才渐渐从北方迁往南方的热森林中生息繁衍。其中，创世史诗《巴塔麻嘎捧尚罗》中的《迁徙篇》详细记载了其中一支傣族先民的迁移过程：为逃避灾难，为谋求生存，在苏米答和雅罕冷两位女王率领下，12万女人和12万男人向南踏上了艰难的迁徙之途。他们翻山越岭，沿江而下。由于道路险峻，长途跋涉，饥饿、疾病、野兽（虎狼）袭击，死亡人数近一半。

在神的指引下，他们继续沿着白沙河向南行进了半年，途经勐缅龙，又经先狼坡，直下惠龙胡，才到达米梯腊。稍作休整近一个月后，两位女王再次率众分两路朝南迁徙，经过了龙谷、汇吾莱、雷伊邦和布帕等地。为了继续寻找适合人居的大平原和大森林，在神的再次指点下，他们登上雷破勐山，看到了一个大平原，众人欣喜无比。于是，他们急忙下了高山，一路往前赶，却不料在山脚处横躺着一条波涛汹涌的大江，挡住了人们前行。女王苏米答原来居住在山多河流少的勐沙奔，擅长翻山越岭，但不习水性。女王雅罕冷原住靠近江边的勐南汰，水性极佳。最终，两位女王根据各自的本领，选择了不同的前行路线。

雅罕冷女王率众人划筏溯江而上，沿着江岸前行。走了半个月，来到了一个平坝。这块大平坝宽广无比，气候湿润温暖，水清地潮润，叶绿花朵鲜，林中鸟猴欢，果子香又甜。从此，女王雅罕冷将土地划分为十二大片，将部下分成十二大群，一群就是一个“曼”。人们植树栽桩，盖房建立新寨新勐，开创“勐泐迈”，世代居住于此，这就是傣泐支系。

苏米答女王则率众走山路，朝着上游方向走。走了山路近半月，中途停下以山林为地盘，划山地界线，立寨于山顶，创建新大勐。接着苏米答把部落分成“西双邦”，并选出邦首领，定居在山区。他们改了族种，不再是傣泐，成为“枣豁芒”，变成“洛”支系。两位女王从此各占一边，形成了两种族系，各自在他们的领地繁衍生息。关于此次迁徙，虽然迁徙时间未明确指出，迁移的起始点目前无法精确判断，且中途停留之地也大多难于确指，但他们基本上都是沿着山脉，顺着河流一路向南迁徙。并且，此次大迁徙的时间，据范宏贵教授考证，大约在春秋至汉代以前，即公元前8世纪至公元前2世纪的六百年间的某个时候进行迁移。时至今日，云南新平彝族傣族自治县（以下简称新平县）的傣族还自视为古代滇人南迁过程中留在当地的滇人之贵族。

《贝叶文库》一百卷

▲

花腰傣姑娘

另一部傣文古籍《沙都加罗》中记载了祖先迁徙的情况：

我们的祖先，原来是住在冷森林的山洞里，天下刮冷风，下着像白树叶一样的雨，大人小孩聚集在山洞里又冷又饿。野果已被摘完，野菜已被埋在地里，人类已无法生存，只好等着饿死冷死。随着觅食求生，沙罗率领众人向南迁徙……哪片森林有动物，人群就朝哪片森林走，背儿带女，扶老携幼，争先恐后。有的朝前，有的在后，有的停留在途中不走。而分散了的人群，多数都向着热森林南下，顺着山脉，沿着河流，跟着沙罗，停停走走，哪里有大树就在哪里歇，哪里有河流和平地就在哪里睡。走着走着，大家就都停下来了。在山上、在河边、在平地又重新开

知识链接

1. 曼：傣语，表“村、寨”之意。
2. 勐泐迈：傣语，傣族的新故乡。勐泐，指傣族居住的地区。
3. 西双邦：傣语，十二个部落村。西双，十二；邦，这里指部落村。一邦，相当于一个部落村。在傣文史料《本勐傣泐西双邦》中，不仅详细记载了傣族十二个部落（西双邦）的形成，而且也叙述了后来“邦”演变为“曼”（寨）的过程。
4. 枣豁芒：傣语，泛指世代居住在山区的民族，这里并不含有歧视之意。枣，有派系、支系或族派之意；豁芒，山头、山区。芒，读muan。
5. 洛：读lua，指古时候的一种少数民族。

始了新的生活。五年十年又搬一次。居住时间的长短，决定于山里的野菜野果、动物的多少。

流传于新平漠沙曼竜一带的《迁徙歌》讲述了花腰傣离开滇池，离开漠沙坝和戛洒坝迁往异乡。另一首《迁徙歌》也唱到了花腰傣迁移至西双版纳的艰辛历程。

此外，或许我们还可从傣文史籍《帕萨坦》中寻觅到傣族先民从滇池、洱海地区往南迁的史迹：傣族先民原来聚居在从滇池至滇西的广大地区，当东方强大的民族进行掠夺性的“奴隶战争”时代，战祸到来前夕，傣泐内部因故相互火并，杀掉了王族。于是，王族中另一个年轻有为的女首领嫡罕捧，便率领傣泐各部一万二千人沿澜沧江往南迁徙。经过多年的辗转跋涉，终于来到了阿腊维地区（今西双版纳），逐步与当地的傣族先民会合，在澜沧江东岸建立了6个“邦”。数年后，又从勐少本（今洱海地区）、勐浓傣（滇池地区）方向迁来5 000多傣泐。进入阿腊维后，在澜沧江西岸建立了4个“邦”。加上原来建立的6个“邦”和赕弥腊（今布朗族）在山区建立的两个“邦”，共建立了12个“邦”。随着时间的推移，又有一部分傣族先民继续南迁，直至进入东南亚地区。

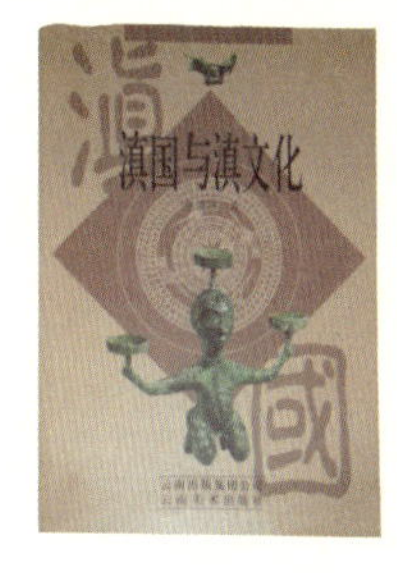

张增祺所著《滇国与滇文化》

关于傣、泰、掸、老的起源问题，国外主要有中国川北陕南起源说；阿尔泰山起源说；中国南方和两广云贵起源说；泰国土著民族说及印度尼西亚群岛起源说等。而在国内，王懿之先生在《傣族源流考》中从考古资料、傣文文献、民族学资料及共同的文化特征等方面论证和提出了傣泰掸老等民族同源于中国百越，主要源于云南，地域在今云南至中南半岛北部。近年来，郑晓云教授也提出：傣泰民族可追溯的源流在汉代云南滇中，并随后向南迁移到今天的云南南部及东南亚一带。傣族史学家岩温胆先生在归纳了大量的傣族古文献后，将傣族迁移的大致历史情况记录如下：“傣族先民最早居住在今天昆明以北走三天三夜路程的地方，名叫勐洒，后受到其他民族的冲击南迁到今天的昆明一带，居住了数百年，并有自己的国王。后再次因内部战乱南迁，战败的王族带领大批民众首先迁到今天的元江（傣语称为勐仲），再由元江分三路迁徙：第一路向南迁到今天的西双版纳景洪一带，其中的一批人再向南进入了老挝、泰国北部，这些人由于走得晚，

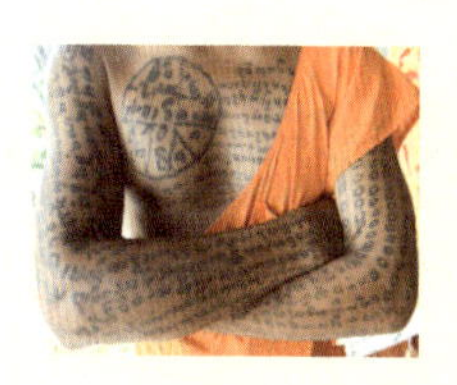

文身

被称为‘傣愿’，意为胆大或大傣，今天‘傣愿’在泰国北部仍然是当地傣泰民族中最大的一支；第二路向东南迁到今天的老挝境内，由于这批人星夜兼程地赶路，被称为‘傣老法’，意为在星光明亮的夜里启程的傣族；第三路人向西南迁到今天德宏的瑞丽江边，建立了勐卯国，除了由王族带领的民众迁离昆明外，大量的傣人也从昆明向各地散去，散居在今天的楚雄、红河一带。”

异彩纷呈的傣族支系

据学者研究，云南境内的126万余傣族，由于分布地区的地理环境不同，社会经济形态发展的阶段不同，受周边民族文化影响的不同，历史上的迁徙路线不同等，使之产生了变异，形成了不同的支系。

傣泐美少女

“傣泐”

主要分布在澜沧江下游的西双版纳傣族自治州（以下简称西双版纳州），思茅市江城哈尼族彝族自治县（以下简称江城县）的整董，红河哈尼族彝族自治州（以下简称红河州）金平苗族瑶族傣族自治县（以下简称金平县）的勐拉、绿春县的骑马坝、个旧市的石榴坝有少量分布。“傣泐”系自称，他称“水傣”。至于境外的傣泐，主要分布在泰国北部、老挝和越南。

知识链接 **关于“泐”一词** 目前有多种解释，一是源于西双版纳傣族先民建立的古城名——“勐泐龙”（Muang Lue Luang）、“勐泐”“泐西双邦”；二是从“泐河”演变而来；三是来自词语“Lue cha”，其意是“著名的傣民族”。

“傣那”（傣勒）

“那”在傣语中表“上方、北方”之意，“傣那”意即“上方的傣族”或“北方的傣族”。主要分布在怒江下游的德宏傣族景颇族自治州（以下简称德宏州），保山地区的腾冲、潞江坝，临沧地区的沧源、耿马、双江，思茅地区的景谷、孟连、普洱、墨江、江城（曼克老一带），金沙江沿岸丽江地区的永胜、华坪，楚雄彝族自治州（以下简称楚雄州）的永仁、大姚、武定均有分布。

德宏傣卯泼水节欢歌

“傣亚”

也有译作“傣雅”，他称“花腰傣”。“花腰傣”是其他民族对主要分布在红河流域的傣族一种约定俗成的称呼。

傣族妇女的传统服饰中，因用长达丈余特制的彩织锦带缠绕成宽约一尺半的花腰带系住筒裙的穿着特征，而被形象地称为“花腰傣”。他们自认为是历史上大迁移中被遗留下来的傣人，主要分布在玉溪地区新平县的漠沙、戛洒坝及元江县的东峨、元江坝，西双版纳州景洪市的普文坝、勐养坝、整糯勐板坝、勐罕勐宽坝及勐腊县的勐满坝均有分布。他们因逃荒、逃兵、战乱从新

花腰傣姑娘

平、元江迁徙而来。其中，允景洪的曼润“傣亚”系1932年由传教士从元江傣族基督教徒中带入；小勐养的花腰傣据传是一百余年前从新平漠沙迁移来的。

“傣皓”（白傣）

“皓”，傣语意为“白色”，“傣皓”即“白傣”，因男女服装喜着白色而得名。云南省内主要分布在中越边境线上的红河州金平县，文山壮族苗族自治州麻栗坡县的南温河乡、马关县的都龙镇、思茅市江城县与越南接壤的曲水乡土卡河沿岸也有分布。傣皓多居住在海拔300米至600米的热带、亚热带地区。其中，金平白傣（简称水傣）自称“傣端”，“端”表“白”之意，分布在藤条江，金水河流域一带的勐拉、者米、金水河、老勐三个乡一个镇。2010年约有1.45万人。据当地传说，他们的祖先是从越南迁入金平的。

金平县勐拉乡白傣妇女

“傣皓”跨境而居，主要分布在越南和老挝。据统计，越南大约有白傣19万人，老挝约有20万人，老挝和越南的白傣均自称为“傣端”（Dai Duan）。

“傣朗”（黑傣）

“朗”在傣语中表“黑色”之意，Dai dam即“黑傣”。之所以称为“黑傣”，说法有二：一为服饰以黑色为主，屋脊形布帽、衣裙均为黑色，与其他傣族支系的鲜艳多彩服饰形成鲜明对比；二为源于南黑水河沿岸。黑水河发源于云南省，流入越南境内即称黑水河。傣语称黑水河为“nam dam”，故沿岸傣族名为“黑傣”，周边汉族、苗族、瑶族称其为“旱傣”。主要分布在中越边境马关县的木厂镇、大栗树乡和坡脚镇，文山市的德厚镇，河口瑶族自治县（以下简称河口县）的桥头苗族壮族乡桥头村委

马关黑傣弹唱

会的白黑村、甘田寨村，元江哈尼族彝族傣族自治县（以下简称元江县）东峨镇曼莱村民委员会的高寨和养马河以及金平县者米拉祜族乡的上新寨和顶青等村落亦有黑傣分布，这里的黑傣自称“傣罗迷”或“傣罗”。

越南、老挝及泰国也有许多黑傣分布。

“傣亮”（红傣）

“亮”，傣语意为“红色”，傣亮即红傣。之所以称为“傣亮”，说法有二：一为红傣的服饰喜以红色布条镶领口、袖口、衣襟边摆乃至裙子上；二为源于越南红河沿岸。“红河”傣语称为“南亮”，故称沿岸傣族为“傣亮”。云南省有少量分布，多居住在云南河口县桥头镇的石崖脚、白尼、方洛成三寨，马关县古林菁乡的攀枝花、董棕两个小寨。

马关红傣

绿春傣族妇女盛装

“傣痕”

“痕”（Khoen）一是指河流名称——痕河；二是指地名——勐痕，又名景栋，今属缅甸掸邦；三是“抵抗”之意，因痕河的流向往北，与其他河流背道而驰。云南省的傣痕源于缅甸，主要分布在思茅市孟连傣族拉祜族佤族自治县（以下简称孟连县）勐马镇与缅甸接壤的勐阿坝，共12个自然村。西盟佤族自治县的勐梭及临沧地区中缅边境我方一侧均有零星分布。

傣德妇女服饰

“傣绷”

“傣绷”之名源于地名勐绷。傣绷主要分布在云南省思茅市孟连县和澜沧县，临沧市沧源佤族自治县、耿马傣族佤族自治县（以下简称耿马县）的勐定、勐省及德宏州瑞丽县的边境一线也有分布。瑞丽、耿马边境一线的自称“傣绷”，澜沧芒景、芒那的为傣绷支系。

关于傣族内部的支系分类是一个比较复杂的问题，除了上述言及的支系外，还有其他诸如傣格、傣洒、傣折角、傣卡、傣仲、傣得、傣涨、傣尤、傣尤倮、傣倮、傣古拉、傣喇等支系。这些多种自称或他称，或以服饰特点取名，或以所在地取名；或以历史迁移和民族交融为特点；或以生活习俗为特征；或可能从某一部落或部族的名称演变而来；或有其他来源。由于标准不一，这些自称群体是否可划分为支系还需作进一步的研究。尽管如此，这些不同自称的傣族群体，其共同的特点是：虽然相互被区分为不同的支系，但首先都称呼自己为“傣”。因此，对于傣族支系这一客观存在的事实，要进行科学的研究和划分，除了必须从共同的民族名称、民族语言、民族地域、民族经济、民族意识和民族情感来进行考察外，还应结合生产方式、婚丧嫁娶、岁时节令、服饰艺术、宗教礼仪、风俗习惯等方面来进行综合研究，以求得科学的结论。

发展与变迁

自1949年新中国成立以来，在党的民族政策光辉照耀下，在党中央、国务院和云南省委、省政府的关怀及大力支持下，云南各地傣族人民团结携手，经过60余年的艰苦奋斗和不懈努力，在政治、经济、文化、教育、医疗、交通、水电等方面均发生了翻天覆地的变化。

民族区域自治放光辉

在少数民族聚居区实行民族区域自治，既是我们党处理我国民族问题的基本政策，又是我国一项重要的政治制度。民族区域自治制度的确立标志着云南各少数民族在政治、经济、文化的发

西双版纳傣族自治州建州60周年盛典

日新月异
新景洪

展上进入了一个新的历史时期。

新中国成立后，为使各民族劳动人民获得真正的解放，从根本上建立各民族民主、平等、团结、互助的政治局面，保障各少数民族的政治权利，实现各民族的共同繁荣，自1953年起至1985年，云南省先后成立了西双版纳傣族自治州（1953年）、德宏傣族景颇族自治州（1953年）、孟连傣族拉祜族佤族自治县（1954年）、耿马傣族佤族自治县（1955年）、元江哈尼族彝族傣族自治县（1979年）、新平彝族傣族自治县（1980年）、金平苗族瑶族傣族自治县（1985年）、景谷傣族彝族自治县（1985年）、双江拉祜族佤族布朗族傣族自治县（1985年）等。实行民族区域自治，体现了国家充分尊重和保障各少数民族管理本民族内部事务权力的精神，体现了国家坚持实行各民族平等、团结和共同繁荣的原则。从此，傣族及其他少数民族获得了当家做主的权利，在政治上翻了身，实现了政治上和社会地位上的平等，而且党和政府采取特殊政策，努力帮助民族自治地方发展经济和文化事业，促进了傣族地区的经济发展和社会全面进步，改善了傣族人民的生活，促进了文化繁荣，巩固了祖国边防，从而实现了真正的民族平等和民族团结。与此同时，许多德才兼备的傣族干部在各级党政机关担任了领导职务，有的还被选为中央委员及全国、云南省的人大代表和党代会代表等等，这些优秀的傣族干部，成为了当地经济建设的中坚力量。

文教卫生等各项事业全面推进

过去，傣族所居之处多为“蛮荒之地”，无学校无医疗卫生场所，党的十一届三中全会以来，傣族地区各项事业发展迅速，城乡实现了九年义务教育，培养出了一大批本民族的大中专学生、研究生及其他各行各业的专业技术人员，有了傣族学者、教师、作家、诗人、画家、歌唱家、舞蹈家、作曲家、医生等等。据2010年第六次人口普查统计：傣族共有小学生613 322人、初中生293 867人、高中生70 756人、大专生30 213人、本科生15 860人和研究生526人，以及国家机关，党群组织，企业、事业单位负责人334人，专业技术人员2 507人；建立了从州到乡镇、农村的医疗卫生防疫网络，“新农合”普惠农民群众；各级中小学、卫生院等遍布傣族地区，傣族群众的文化素质和人口素质显著提高。

西双版纳傣族自治州建州60周年盛典

民族经济实现跨越式发展

解放初期，傣族地区经济处于农耕时代，基础设施极其落后，生产力极为低下，既没有公路和汽车，更没有电力、工厂及电话等等。新中国成立后，尤其是党的十一届三中全会以来，自治州和自

西双版纳
国际机场

治县党委、政府紧紧抓住经济建设这一中心，与时俱进，全面推进各项改革，实行全方位沿边开放战略，立足资源优势，大力发展粮、胶、糖、茶等传统支柱产业，培育壮大旅游、对外贸易、电力、生物、特色畜禽、傣药南药等新兴支柱产业，经济建设跨入了快速发展的轨道。农业生产条件得到根本改善，农业科技普遍推广，传统农业正朝着现代化农业发展。西双版纳成为全国第二大橡胶基地，勐海县成为国家粮食基地、中国普洱茶第一县和云南食糖基地。除传统产业外，汉麻、石斛等新兴产业快速崛起；工业从无到有；交通运输四通八达，昔日的滇缅公路如今成为高等级320国道并正在改造提升，腾陇、潞梁两条二级公路建成通车，实现环州公路高等级化；中缅输油气管道即将建成投入使用。4D级西双版纳国际机场开通了20余条国内国际航线，芒市机场建设成为4C级机场已被列入国家口岸机场规划，瑞丽机场正在加快规划建设；澜沧江（湄公河）航道常年通航，已形成了水陆空交通运输网络。电话、移动通信覆盖城乡，彩电、冰箱、洗衣机、空调、手机、电脑等电器用品，成为傣族居家的寻常之物；越来越多的傣家人拥有摩托车、农用车和私家轿车，傣族人民过上了幸福生活。

“一江连六国，鸡鸣中老缅”

西双版纳傣族自治州是云南省边境线最长、口岸最多的边境少数民族自治州，与老挝、缅甸接壤，毗邻泰国，位居中国——

磨憨口岸

东盟自由贸易区的接合部和交会点，昆曼国际大通道贯穿西双版纳直达泰国曼谷，“东方多瑙河”澜沧江（湄公河）纵贯全境，出境后流经老、缅、泰、柬、越等五国，之后再汇入太平洋，区位优势得天独厚。

自20世纪90年代初以来，西双版纳以大开放的姿态融入世界的怀抱。通过多年坚持不懈的努力，基础设施建设、投资软硬环境全面改观，磨憨、打洛、景洪港和西双版纳国际机场4个国家级口岸设施日臻完善，澜沧江（湄公河）“黄金水道”常年通航，景洪、勐腊至老挝万象、丰沙里、南塔等的国际道路运输线日益活跃，西双版纳国际机场先后开通至曼谷、万象等城市的国际航班，构建起了直通东南亚国家的水陆空立体通道网，形成对东盟全方位、多层次、多形式开放的格局。与此同时，西双版纳与老缅泰边境地区建立了“中老泰边境地区六方合作会议制度和联络制度”，合作建设次区域国际旅游圈、边境贸易圈；每年举办的“澜沧江（湄公河）西双版纳边贸旅交会”和澜沧江（湄公河）流域国家文化艺术节，与周边国家的经贸、技术合作以及跨境旅游日益活跃，从而搭建起了大湄公河流域国家商贸、经济、旅游、文化交流合作的重要平台，沿边开放已成为推进西双版纳跨越发展的重要动力之源。

“口岸明珠”——瑞丽

德宏傣族自治州的南、西和西北三面均与缅甸联邦接壤，中

磨憨口岸界碑

国历史上最早的一条国际陆路交通线“西南丝路”的开通，德宏便是西南丝路的必经之地，它是面向印度洋的主要陆路出口。“三江”（怒江、大盈江、瑞丽江）流经境内，特别是瑞丽优越的地理条件，构成了“一个坝子，两个国家，三个省邦（云南省、掸邦、克钦邦）交界，四大口岸，五座城镇（畹町、瑞丽、九谷、木姐、南坎）”和“一国两城”的独特地域景观。畹町九谷桥把320国道与滇缅公路直接连通，“天涯地角”姐告则是史迪威公路的交会点。自20世纪80年代以来，在国家的大力支持下，今天的德宏，已拥有一个国家重点开发开放试验区、两个国家一类口岸、两个国家二类口岸、两个边境经济合作区和实行“境内关外”特殊管理模式的姐告边境贸易区，形成了独具德宏特色的全方位的对外开放格局。2012年，瑞丽口岸出入境人员、出入境交通工具、出入境货运量、进出口额分别在云南省口岸中排名第一。德宏成功实现了从封闭半封闭到全方位开放，成为我国沿边对外开放的一颗璀璨明珠。

民族文化遗产得到抢救和保护

傣族是一个有着悠久历史文化传统的民族，他们拥有本民族的语言文字、丰富多彩的民间文学遗产、独特的风俗习惯、绚丽多姿的民间艺术、古老的手工技艺、博大精深的佛教文化等等。这些珍贵的文化遗产先后被列入了国家和云南省非物质文化遗产保护名录，其中，列入国家非物质文化遗产名录的有西双版纳傣族的赞哈、慢轮制陶、泼水节、《召树屯与喃木诺娜》、象脚鼓舞、织锦技艺、贝叶经制作技艺；德宏傣族的孔雀舞、傣剧、剪纸及耿马傣族的造纸。被列入云南省非物质文化遗产保护名录的有曼暖典傣族织锦之乡、勐罕镇曼听傣族传统文化保护区、傣族传统制陶技艺、傣族赞哈、泼水节、孔雀舞之乡、大等喊傣族文化保护区、傣剧、傣族剪纸、傣族象脚鼓舞、傣族孔雀舞、嘎洒镇大槟榔园村傣族（花腰傣）传统文化保护区、傣族人生礼俗、傣族叙事长诗《朗娥与桑洛》、傣绷文、傣族手工造纸技艺、傣族白象、马鹿舞等等。2007年至2009年，在文化部专项保护经费的支持下，西双版纳州对第一批国家级保护项目“傣族赞哈”实施保护，景洪市勐罕镇、勐海县曼先村相继成立“西双版纳傣族自治州赞哈之乡‘国家级非物质文化遗产傣族赞哈传习所’”；2009年，文化部和云南省文化厅划拨专项经费，对西双版纳州傣族慢轮制陶技艺进行保护，并培训传承人，在景洪市嘎栋中学、允景洪街道办事处曼阁村岩罕滇家、曼斗玉勐家和勐龙镇曼飞龙村玉喃恩家建立了“国家级非物质文化遗产保护名录‘傣族慢轮制陶技艺’传习所”，这些举措无疑使傣族文化得到了有效的保护和传承。如今，傣族的非物质文化遗产已建立起了国家级、省级、州（市）级、县级四级保护名录体系，这将推动傣族非物质文化遗产实现可持续发展。

傣壮民族文化传承与发展学术研讨会

第二章 民俗民风 彰显特色

傣族的婚丧嫁娶、饮食居住、服饰艺术、节日庆典等传统习俗，因支系不同而各具特色，正所谓百里不同风，千里不同俗。其中，尤以传统新年——泼水节最有代表性，名扬中外。1961年4月13日，周恩来总理曾参加过西双版纳的泼水节。节日期间，傣家人浴佛、拜佛，跳象脚鼓舞、孔雀舞和集体舞，赞哈演唱，放高升和孔明灯，进行泼水、划龙舟、丢包、赶摆等活动。特别是规模盛大的泼水活动更让人们沉醉在水的世界里，他们尽情地泼洒代表着幸福和吉祥的水，相互祝福。而泼水节也因其独特的社会文化价值，于2006年列入了第一批国家级非物质文化遗产名录。

服饰艺术

服饰体现了一个民族的地理特征，也体现了一个民族的个性。傣族多生活在热带、亚热带地区，这里气候温热，山林茂密，物产丰饶。傣族善于种植水稻，且能歌善舞，所以傣族服饰既有方便劳作、舒适散热等实用性作用，又有很强的装饰性，淡雅大方。这种服饰既能体现傣族人民的勤劳智慧，又充分展现了傣族如水的柔美之性。

男子服饰

“衣对襟，头缠布巾，喜挂背袋，带短刀”，这是汉文史籍对傣族男子传统服饰的形象描述。传统傣族男子服饰衣料多用自织“土布”，款式朴实大方，上身为无领对襟或大襟小袖短衫，下着宽腰无兜净色长裤，裤管宽大，方便穿戴，又利于劳作散热。多用白色、青色布包头，有的戴毛呢礼帽，天寒时喜披毛毯，四季常赤足。这种服装在耕作劳动时轻便舒适，在跳舞时又显得健美潇洒，不失为傣族人民的智慧结晶。

随着社会的发展，傣族男子的传统服饰也发生了变化，衣料已很少再用自织的“土布”，出现了有领对襟或大襟的小袖衫，头巾改为水红色、绿色、粉红色的绸子，裤子依旧。而如今，傣族男子多穿汉装，现代服饰如中山装、夹克、西装等在傣族男子中普遍流行。

除了衣着外，傣族男子还有文身习俗。关于文身的传说有很多，有歌颂勤劳智慧或英雄人物的，有歌颂佛祖刺纹教化弟子的，也有纪念勇士给傣族人带来光明的。傣族谚语云：石蚌、青蛙的腿都是花的，哥哥的腿不花就不是男子汉。

傣族男子服饰 ▶

按传统习俗，傣族男子到了一定年龄都要文身，否则对象难寻。在傣族人看来，文身是能够驱邪避害的护身符，也是傣族男子的“族徽”，包含着傣族人民对祖先和古代英雄的崇拜。

傣族男子文身通常在12~30周岁之间。文身时，以钢针刺皮肤，然后涂上蓝靛汁或其他植物液汁，使其渗进皮肤里，形成黑蓝色或小量的淡红色，最终形成图案。文身的部位分整体和部分两种：整体文身是从头至脚；而部分文身只在两臂、手腕和小腿等处文一些简单图案。文身的图案多种多样，有符号、名字，有线条花纹（如直线、水波纹线）、图案花纹（如圆形、椭圆形、云纹形）、动物花纹（如龙、虎、豹、鹿）、文字（如巴利文、傣文）等，也有经文、佛祖和佛塔等图案。文身的部位和图案不同，意义也不同，据说有的能防身护身，刀枪不入；有的能威慑水怪或者森林里的野兽；有的能治病保健康；有的则能得到神灵和佛祖的保佑等等。

傣族文身

随着社会经济发展以及现代文明的冲击，傣族年青的一代的宗教信仰意识逐渐淡化，再加上文身要承受巨大的痛苦以及遵守各种禁忌，故文身在年青的一代身上已很少见。今天我们还能看到的傣族传统文身，大部分只存在于一些年纪较长的人当中，他们体现并传承着独具傣族特色的体饰文化。

女子服饰

有人说傣族女子的服饰是世界上最美的服饰，露出手臂的紧身短上衣，艳丽多彩的花筒裙，头上或插一枝花，或戴一束簪，再加上耳间、臂间那古朴精致的金银首饰，傣族女子穿上它们就成了那凤尾竹间开屏的孔雀，绚丽多姿，让人不禁注目惊叹。尤其以色彩艳丽的长筒裙紧裹腰身，既能衬托出傣族女子婀娜秀美的身材，又给人一种水样的律动和柔美。

劳作的“小卜少”

由于地理环境的差异，再加上周边各民族文化以及宗教信仰和迁徙等因素的影响，不同地域中的不同支系的傣族女性服饰也不尽相同。总的来说，傣族女性服饰根据其支系不同可大致分为四大类，即傣泐型、傣那型、花腰傣型和傣朗型。

傣泐服饰 傣泐服饰以西双版纳地区的傣族为主，包括孟连、澜沧和瑞丽等地。这些地区水域众多，气候湿热，故傣族女子多上穿紧身小背心，外着大襟或对襟圆领窄袖短衫，下着薄筒裙，用银腰带相束，利于通风透热。脚上多穿皮制、塑料、胶制的夹脚拖鞋。服饰款式简单明快，四季变化不大，材质多柔软单薄，色彩以白、红、黄为主，与傣族地区的自然环境融为一体。年轻女子与中老年妇女的服饰区别主要在色彩上：中老年妇女多穿深色斜襟圆领窄袖薄短衫，下着深色长裙，而年轻女子的短衫和长裙多色彩艳丽。发式

傣泐服饰

则不论老幼皆盘发成髻，饰以发梳或发簪，或是清香艳丽的花朵，给人清新明快、活泼大方的感觉。

德宏已婚傣族妇女的盛装

傣那服饰　傣那服饰以德宏地区为主，包括保山、腾冲、耿马等地。此地傣族女子服饰婚前婚后有较大的差别：婚前女子上穿浅绯色大襟短衫，下着长裤，腰系绣团花及孔雀翎羽的围腰，梳发辫盘于头顶，饰以五彩绒线，显得婀娜多姿。而婚后则收发易装，改穿对襟浅色短衫，衣领以黑色布块拼缝作饰，下身着黑色筒裙。筒裙分为内裙和外裙，裙边喜好以浅咖啡棉布或绸料镶滚二至四道边（在过去，平民的筒裙只能镶二道边，而贵族则可以镶滚三至四道边，现在已不存有贵贱之分）。束发于顶，外裹毛巾，别有一番风情。进入中年后则戴用黑布缠制成的高筒帽。

耿马傣那妇女

花腰傣服饰　花腰傣以元江、新平两县的傣族支系为主，主要有元江的傣仲、傣拉、傣勒等支系，以及新平的傣雅和傣洒支系。花腰傣女子服饰以黑红为主，因喜腰部束绕彩带，系挂银饰

知识链接 **饰齿**　“黑齿蛮、金齿蛮、银齿蛮……黑齿以漆漆其齿”。这是唐代汉文史籍对傣族先民饰齿习俗的记载。

傣族把镶牙和染齿视为人生的成年礼俗。青年男女一般从14~17岁左右，就用金或银制成牙套，镶嵌在门牙上，或把门牙直接换成金或银制的，是为“金齿”“银齿”。

而按照传统习俗，傣族女子到了十四五岁，也要进行染齿，表示自己迈入了成年人行列，可以参加公开的社交活动。过去，染齿是傣族姑娘婚前必须做的一件事，她们认为牙齿越黑越美，越能讨得小伙子的欢心。

耿马傣族妇女染黑齿

傣雅女

而被人们形象地称为“花腰傣”。其中最有名的、最具代表的就是傣雅服饰。

傣雅女子服饰以自织自染的黑色棉布做衣料，配以红黄绿的镶条装饰在裙摆、袖口等，给人以色彩上撞击的美感。上穿无领无袖右襟内褂，衣服的颈部、胸部、背部缀以大量银泡和银穗，极具古朴、高贵之美感。外穿稍短的无领无襟黑色短衫，左右两边各镶有一排银泡，衣下摆绣有各色条纹，看上去层次分明，五彩艳丽。最有特点的却是她们的筒裙，喜欢三到五条左提成一个斜度叠穿，一条比一条略有提高，露出每条裙子色彩艳丽的花边。头部的红缨穗，腰部的彩带更是锦上添花。手指、耳孔、手腕皆佩银饰，满身银饰叮当作响。除此之外，头上边缘上翘的“鸡枞帽”，腰间精致小巧的五彩腰箩，都是她们必不可少的配饰，既方便实用，又具有装饰特点。

傣朗服饰 傣朗型服饰以马关县的傣族为主，包括文山、河口两县的部分傣族支系，即为黑傣。这些地区的傣族女子服饰以黑为美，从头上包裹的头帕到腰上系的围腰，都是黑色。她们的上衣用双层黑布缝制，斜襟、低领、长袖，衣襟及领口都缀满银泡。下着青布筒裙，裙边绣花，镶拼绿蓝两道色布。最令人惊叹的是黑傣妇女的头饰：先把头发梳成约15厘米高的发髻，

黑傣妇女

知识链接 **银腰带** 傣族妇女系在筒裙上的重要饰物，用纯银制成。种类较多，有长有短，有宽有窄，有表链式连接的，也有蛇骨式连接的，镶有各种精美的花卉图案。据说银腰带是由母亲一代又一代传下来的，它不仅是一件工艺品，而且饱含了母亲对女儿的深情厚谊，所以傣族女子对银腰带极为珍爱。过去，银腰带多为傣族贵族所佩带，而随着社会的发展，银腰带已经成为傣家女子的寻常饰品，且以宽、大、重者为贵，装饰功能远远大于实用功能。

傣族银腰带

用浅蓝色的布帕将其外轮廓包成塔形，再取一块黑布，用米汤固定后一端覆盖在高髻顶上，使呈“人”字形，俗称“两水分瓦”，另一端甩到脑后结拔。包头后面四周镶以银泡，中间是米字纹图案，下方缀有红白相间的丝线穗子，十分醒目。

随着社会的发展和傣族地区旅游业的兴旺，傣族女子服饰也在悄然发生着变化，居住在城镇周围或经济发展比较好的村寨，傣族女子服饰趋于现代化，服饰的面料由丝绸、花布等轻柔面料代替了过去自制的土布，其花样和色泽更加鲜艳漂亮。传统的银饰如发簪、耳环、项链、手镯等，款式更加多样化，制作工艺也更加精良别致。

知识链接 **筒帕** “筒帕”，傣语即“挎包”，是傣族人家生活中的必需品，每逢节日、赶摆或者走亲访友，人们总要背上它。筒帕用各式毛线和彩色丝线编织而成，色调鲜艳，并配以大象、孔雀、树木、花卉等精美图案，栩栩如生。

傣族挑花粉红筒帕

特色饮食

傣族生活的亚热带地区，水源丰沛，物产富饶。在长期的生产和生活实践中，逐渐从原始社会的采集生食，发展到取火熟食，最终形成了各式各样的烹饪技术，从而创造了风味独特的饮食文化，它从一个侧面反映出傣族的生活特征。关于傣族的饮食

毫崩

情况，汉文史籍多有记述。据明《云南图经志书》卷四载：“境内天气常热，民多百夷。其田皆种秫而早收。以其穗悬于横木之上，日舂造饭。以竹器盛之。举家围坐稔成团而食之。”《西南夷风土记》说：“饮食：蒸、煮、炙、煿，多与中国同，亦清洁可食。酒则烧酒，茶则谷茶，饭则糯粮。不用匙箸，以手搏而啮之”。又清《普洱府志》载：“水摆夷，思茅、威远、宁洱有之……以春季为岁首，男女老幼均着新衣，摘取各种山花，并以糯米蒸熟，染成五色斋供，齐赴缅寺，鸣钟击鼓，供献佛前，听缅僧诵经，名为担佛。”《伯麟图说》载：“花摆夷，性柔软，嗜辛酸，居临水，以渔稼……”《永昌府志》载：“僰夷，在腾越者，或取蜂巢而食之，习缅字。”这样的饮食习俗，至今还保留很多。

菠萝紫米饭

傣族作为古老的稻作民族，一日三餐均以食用稻米为主。德宏傣族主食粳米，而西双版纳傣族则主食糯米。除了以稻米为主食之外，傣族还以稻米为原料，加工制作出很多独具特色的糯米制品：如香竹饭、黄米饭、紫米饭、毫糯索、毫崩、毫栋贵、毫吉阿、千层年糕等。这些食品，不仅品种丰富多彩，而且味道香甜可口，从中亦可窥见稻米在傣族饮食文化中占据着重要的位置。

饮食器具多用竹器，“不用匙箸”

过去，傣族先民“不用匙箸”，食具多用天然竹木，如竹筒、竹饭盒等。特别是用竹饭盒盛米饭，不仅米饭可以保留一定的湿度，而且便于捏团食用又不易变馊。随着制陶技术和冶炼技术的出现，傣族在保留天然竹木器具的同时，陶器和金属炊具也相继出现，如土锅、土罐、铜壶、铁锅

毫糯索

◀ 傣家菜肴

等。另外，以植物叶包裹饭菜也是傣族的一大特色，最常用的就是芭蕉叶，其他的还有荷叶、棕叶等。到了近现代，傣族的食具已趋于丰富多彩，竹器、木器仍在使用，且做工精细，品种多样，如竹饭盒、竹篮、竹筷、竹瓢、竹桌子以及木碗、木勺、木盆、木水罐等等，与此同时，瓷器与金属器皿的使用也更加多样化，但使用土陶、用手捏饭成团食用的习惯仍在傣族的日常饮食中保留。

▲ 刺五加

一方水土养一方人

傣族多生活在河坝地区，气候湿热，物产丰富，所以，他们“靠山吃山，靠水吃水”，食物来源十分丰富。肉类以牛肉、鸡肉为主，常食用的还有猪肉、鸭、鹅等。蔬菜类有瓜类、豆类、白菜、青菜、萝卜、竹笋等。傣族因傍水而居，有着丰富的水产资源，鱼、青苔是他们生活中经常吃的食物，还有虾、螃蟹、螺蛳、蛙类等。除了家庭种植的蔬菜和饲养的禽畜外，山野河流所产的，似乎都可以入食。

◀ 野茄子及黄笋

数百种野生植物的花、叶、芽、果、茎、根，田间地头的野菜，如臭菜、苦凉菜、蕨菜等，以及一些诸如蚂蚁蛋、蝉蛹、竹蛆、花蜘蛛等奇异之物，都是傣族饭桌上的美味佳肴，正所谓“凡是绿的都是菜，凡是动的都是肉”。

“酸、辣、香”——口味主旋律

酸是傣族饮食口味中的主旋律。由于傣族多食糯米，加之傣族地区气候湿热，喜吃鱼，酸不仅能开胃助消化，消暑解热，还能去腥味，且酸味食物不宜腐坏，所以傣族的佐餐菜肴及小吃均以酸味为主，如酸笋鸡、酸豌豆粉、酸肉及野生的酸果。而作为调料的“酸”，并非汉族常食用的白醋等发酵酸，多是植物性的，如酸笋、柠檬、西红柿、嘎里罗等，这些具有植物清香的酸味会让菜肴更具独特美味。

丰盛的傣家菜

“无辣不成菜”是傣味菜肴的另一大特色。与酸一样，傣族用辣也很讲究，烧烤、包蒸、蘸水和蘸酱样样都不离辣椒。不论是晒干的辣椒，还是新鲜的小米辣，配上食盐和各种作料，不仅辣味十足，色彩也非常漂亮。“香”也是傣族菜肴追求的口味，他们喜欢吃烧、烤、炸的香味食品，其制作技术较为独特，主要采用“寄”“并”“并窝”“并雅”“摩”等方法制作烧烤，加之烹饪时用上姜、葱、蒜、花椒、八角（大料）、香菜以及清香爽口的薄荷和香茅草等配料，使得食物香味扑鼻，让美食者赞不绝口。

海床果荚

“喃咪”“改”——风味食品

傣族有一种被称为“喃咪”的特殊酱菜。“喃咪”是用多种材料拌和而成的像酱一样的糊状食物，可分别用蔬菜、鱼肉、蟹肉、嫩蝉等配野姜、蒜、葱、青椒舂成酱泥，作为糯米饭和其他菜的蘸水。喃咪按其主要原料的不同，还可制成酸笋喃咪、花生喃咪、鱼喃咪、螃蟹喃咪、番茄喃咪……傣家人在宴请宾客时会把几种“喃咪”一同上桌，以表示热情招待。

鱼喃咪

另外，傣族民间谚语常说：“三月青苔露绿头，四月青苔绿满江”，所以，傣族妇女还会在春夏季采摘附生在江河鹅卵石上的青苔（傣语称为“改”）和鱼塘湖中的青苔（傣语称为“捣”），捞取后撕成薄片，晒干，加工成“改义”和“改英”两种干片备用。做菜时，厚的用油煎，薄的用火烤，酥脆后揉碎入碗，再将滚油倒上，然后加盐搅拌，用糯米团或腊肉蘸食，其味鲜美无比。

螃蟹喃咪

各式烹饪，特色菜肴

傣族的菜肴十分丰富，有烧烤、炸、蒸、煮、剁、腌等多种烹饪手法，并特别讲究作料的配制。

傣味烤鸡

烧烤 用烧烤的方法烹制出的菜肴有香茅草烤鸡、烤黄鳝、烤牛肉、烤猪肉等。最有特色的

烤制鸡

当数香茅草烤鱼。香茅草是生长在亚热带的一种茅草香料，天然含柠檬香味，有和胃通气、醒脑催情的功效。把新鲜罗非鱼的鳞片去掉，用刀划开鱼腹，去掉肠肚杂物，洗净；将葱、姜、蒜、青辣椒、芫荽切细，与盐拌拢；把作料放进鱼肚子里，用二三根香茅草叶捆好，用竹片夹紧，放在火炭上烘烤。待八成熟时，抹上猪油，继续烘烤5分钟左右，即可食用。罗非鱼肉鲜甜少刺，细腻嫩滑，再加上在炭烤的过程中，填入鱼腹中的香料与肉香完美地融合，使得香茅草烤鱼味道独特，让人胃口大开。

炸牛皮

炸 油炸鸡肉、油炸蜂蛹、油炸蚂蚁蛋、油炸竹虫、油炸猪皮和牛皮、油炸酸芭蕉片、油炸青苔片等，都是傣族特有的风味菜肴。青苔片用冷油炸制，颜色碧翠，味道清冽微寒。酸芭蕉生吃又涩又硬，但经油一炸，松软柔和。酥香脆口的傣家炸食要数炸牛皮，食用时，先以冷油炸之，捞出锅后再以热油炸之，可蘸番茄喃咪吃，酸甜可口，辛香回甜，为上佳的下酒菜。

孟连傣族炸牛皮

▲ 蒸猪肉干巴

蒸 蔬菜、肉类及各种水果都可以蒸着吃。蒸肉时，把肉剁碎，和作料一起捣成泥状，用芭蕉叶包成小包，穿在细竹丝上，放入甑子内蒸熟，蒸出的肉味道鲜嫩，又带有芭蕉叶的清香。菠萝紫米饭是具有傣族特色的糯制食品，既能当主食，也可做菜肴。首先要把紫糯米用水浸泡7至8小时，然后淘洗干净。选取一个鲜菠萝，在上部三分之一处切开做盖子，掏出果肉剁碎，与糯米饭、花生仁、芝麻、蜂蜜、白糖等混合拌匀，将紫糯米等填入准备好的菠萝空壳里，再把切去的顶盖盖上，放到甑锅里蒸熟即可食用。其味清甜可口，并有补血润肺之功效。

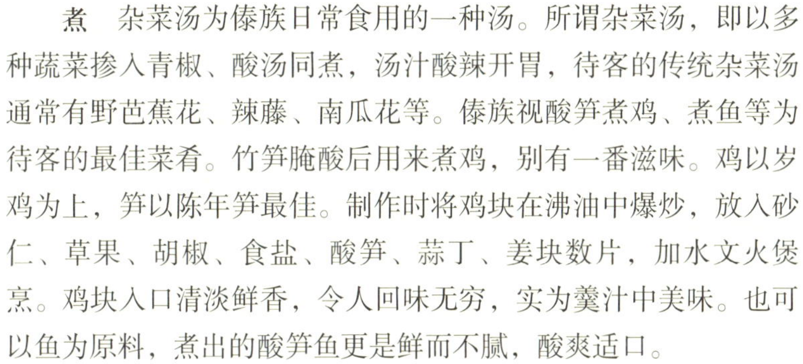

▲ 泡笋煮排骨汤

煮 杂菜汤为傣族日常食用的一种汤。所谓杂菜汤，即以多种蔬菜掺入青椒、酸汤同煮，汤汁酸辣开胃，待客的传统杂菜汤通常有野芭蕉花、辣藤、南瓜花等。傣族视酸笋煮鸡、煮鱼等为待客的最佳菜肴。竹笋腌酸后用来煮鸡，别有一番滋味。鸡以岁鸡为上，笋以陈年笋最佳。制作时将鸡块在沸油中爆炒，放入砂仁、草果、胡椒、食盐、酸笋、蒜丁、姜块数片，加水文火煲烹。鸡块入口清淡鲜香，令人回味无穷，实为羹汁中美味。也可以鱼为原料，煮出的酸笋鱼更是鲜而不腻，酸爽适口。

▲ 傣家撒撇汤

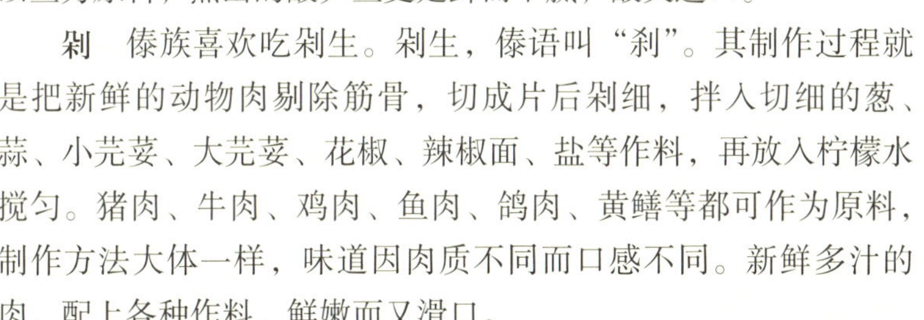

剁 傣族喜欢吃剁生。剁生，傣语叫“剎”。其制作过程就是把新鲜的动物肉剔除筋骨，切成片后剁细，拌入切细的葱、蒜、小芫荽、大芫荽、花椒、辣椒面、盐等作料，再放入柠檬水搅匀。猪肉、牛肉、鸡肉、鱼肉、鸽肉、黄鳝等都可作为原料，制作方法大体一样，味道因肉质不同而口感不同。新鲜多汁的肉，配上各种作料，鲜嫩而又滑口。

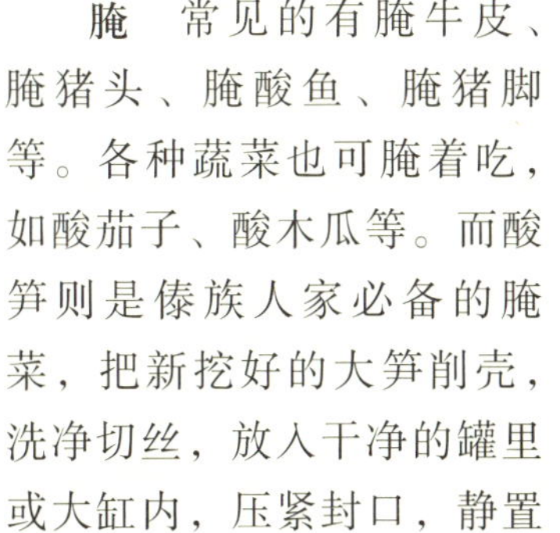

腌 常见的有腌牛皮、腌猪头、腌酸鱼、腌猪脚等。各种蔬菜也可腌着吃，如酸茄子、酸木瓜等。而酸笋则是傣族人家必备的腌菜，把新挖好的大笋削壳，洗净切丝，放入干净的罐里或大缸内，压紧封口，静置

◀ 腌牛皮

半月，任其自然发酵。在这个过程中不可沾油，否则会腐烂。如果嗜辣味，待笋丝有酸味时，把笋丝从罐里拿出挤去水分，拌好辣椒、盐再放回罐内腌一段时间，就可以生吃或者入菜了。

傣族因生活在亚热带地区，气候炎热，还喜吃凉拌菜。牛撒撇和拌凉皮是傣家人节庆之日待客不可缺少的美味佳肴。牛撒撇，是傣族传统药膳佳肴。主要做法是：取牛肚、腰里肉、直肠、肝、脾洗净煮至八成熟后切成细条，剁碎，再拌以苦肠汁、小米辣、撇菜、花椒、芫荽、盐巴、味精、干辣椒面等作料，吃起来既有苦味，又有清香，既有肉鲜，又有蔬菜的清淡，细腻可口，香味纯正，色泽诱人，有助消化、清热解暑之功。

▲

野茄子

此外，傣族饮食注重养生。平常饮食注重荤素搭配，追求菜肴的新鲜原味不失营养，既食疗又保健。具有保健养生功能的植物，也为傣家人所喜爱。如除风止痛的香茅草、清火解毒的野茄子和鱼腥草、补水生津的柠檬、清肝明目的芫荽、健脾益气的刺五加嫩枝叶等等。嚼食槟榔也是各地傣族最为普遍的嗜好。

知识链接

“寄” 傣语，意即“烧”。

“并” 傣语，意即“烘烤”。

“并窝” 傣语，意即“夹心作料烘烤”。

“并雅” 傣语，意即“包烧”。

“摩” 傣语，意即“焐烧”。

“撒撇” 傣语，指牛苦肠内一种消化液之类的苦汁，系牛撒撇菜的主要原料。

古朴婚俗

穿上漂亮的服饰，戴上美丽的首饰，与相爱的人手牵手走进婚姻的殿堂，相亲相爱，白头偕老是每个人一生的期待，亦是人生中最美好的事情。自古以来，傣族就有着古朴而独特的婚俗，恋爱、说亲、婚礼等每一个环节的习俗都承载着傣族千年的历史与文化。

恋爱方式 奇特而高雅

丢包传情 傣族丢包习俗在明清时期已盛行。“时样衣衫趁体艳，绣球抛物早春天，邻家姊妹齐声贺，恰有多情美少年。”正是柯树勋在《抛球》一文中对西双版纳傣族青年男女丢包活动精彩场景的记录。

丢包，傣语叫作“端麻管”，是傣族青年男女传情求爱的一种娱乐活动。节庆期间，村寨旁的草坪上、榕树下都聚满傣族未婚男女青年，他们面对面，相隔一段距离站立着，并含情脉脉地相互对望，先由女青年向男青年丢花包，若男青年接不住，要给丢包的姑娘送钱、送礼物。男青年接到花包后，再向女青年丢，未接住包的姑娘，要将一朵鲜花献给掷包的小伙子。这样，你来我往，久而久之，心有灵犀，相敬相爱。

吹叶送情

凤凰情书 凤凰情书是一种古老而高雅的求爱书信，傣语称“叁轰”或“叁诺”。凤凰情书，即在情书上绘制栩栩如生的凤凰，这来源于一个美丽的传说。据说有一对年轻的傣族新婚夫妇，长期分居两地，丈夫思念妻子，便采来树叶，绘上一对交首金凤，把情诗写在树叶上，让鹦鹉千里传书，妻子收到书信后也在树叶上画了交首金凤并写上思念之情寄予丈夫。夫妻分别十年，情书不断，情深依旧。从此，体现坚贞与专一的凤凰情书便在傣族民间盛行，并有不少动人的情诗留传下来，深远地影响着傣族青年。昔日，傣族男女青年，通过书写、吟唱凤凰情书来传情说爱。时至今日，此种以书传情的方式已不多见。

凤凰情书又称凤凰情诗，其语言流畅，通常以物喻人，引古喻今。凤凰情诗因绘有凤凰图案而得名，图案由三十一个傣文字母和符号构成，每一个字母代表一个意思，或是代表一行诗，一首诗。其艺术性高，内容深奥，含蓄。

夜访琴声诉衷肠 夜幕降临，未婚的傣族小伙子通常换上干净的衣服，披上毯子，拿着竹筚或玎琴，主动到本村或是其他更远的村寨去找寻姑娘谈心，俗称串姑娘，傣语称为“邀少”。若看上哪家姑娘，小伙子就在姑娘家的竹楼下吹竹筚或拉玎琴，用琴声倾诉爱慕之情，希望姑娘可以下楼相会。姑娘若有意，便会出来相见，甚至邀请小伙子登楼谈心。

纺纱场谈情 傣族姑娘们也有自己的求爱方式，夜间，她们成群地在村寨的广场上纺线，借机寻找自己心中的白马王子，谈情说爱。此种方式，傣语称为“儒控”。

在天黑前，姑娘们便梳洗打扮，端上纺车，带着两只竹凳到场地上纺线。她们悄悄地把另一只凳子藏在长筒裙下，边纺线边等待中意的小伙子出现。小伙子会拿着手电筒照射姑娘的脸，看中某个姑娘后，会主动靠拢与姑娘交谈，姑娘若对小伙子有意，便抽出竹凳，让小伙子坐在自己身边。若无意，就不抽出凳子，不理会小伙子的甜言蜜语，只是不断地摇车纺线。小伙子也会知趣地离开，寻找别的姑娘。

姑娘一旦让小伙子坐下来，便会一边纺线一边与之热情交谈，待夜深人静，有情有意的男女青年就会合披一条毯子，谈情说爱，通宵达旦。

以歌说亲，订婚约

傣族男女青年通过“丢包、凤凰情书、串姑娘、对歌、纺纱场谈情”等方式谈情说爱，待双方定情后，男方便请“媒人”到女方家说亲。“媒人”要面对女方父母及亲友吟唱说亲歌。

“你家的姑娘，他家的儿子，是天生的一对，让他们配成一对吧，像天上的大雁一起飞翔。”

每一句歌词都明明白白地表达了男方的来意。若女方父母答应婚事，也要用歌声表达同意这门亲事。

“啊，大妈呀，命中注定的事我不能违背，佛塔下许诺的事我不能反悔，只有让她去啰。假如她是宝石一块，就让她照耀公婆的家门。假如她是一个勤快的媳妇，就让她听从老人的使唤吧，永久孝顺长辈，永久热爱同伴。”

女方家长同意把女儿嫁给男方之后，男方要请媒人到女方家商谈聘金、酒肉等彩礼的数目及正式举行婚礼的日子。

元江傣族男女对唱情歌

婚礼日期以男方选的日子为准，每年只能定在“开门节”后至“关门节”前，即傣历十二月十五日以后（公历10月15日）至次年九月十五日之前（公历7月15日）。若男女双方出生的日子相冲不能结婚，但两人真心相爱，可以通过搭桥、拜佛等形式化冲。

订婚时，男方要请媒人带着银手镯、聘金、猪肉、香烟、白酒、糖果糕点等彩礼到女方家下聘，女方父母收下聘金及彩礼后，婚约正式确立。婚期定下后，除了重要事情要商量外，小伙子与姑娘不能见面。

各具特色的傣族婚礼

我的妈妈呀，我要离开你了，要离开生我的亲人了，要离开养我的家乡了，我真不愿意走哇妈妈，我真不愿意你孤单哪妈妈，从今以后，谁来为你煮饭，谁来为你洗衣，谁来与你做伴……

这是傣族姑娘出嫁时依依不舍的歌声。

傣族的婚礼丰富多彩，婚后居处因地而异，或从妻居或从夫居。西双版纳傣族主要实行“从妻居”，在女方家举行的仪式比较隆重，而男方家则比较简单。成婚时，女方家要筹备丰富的婚宴，宴请亲朋好友。婚礼当日，女方家在堂屋内设置“茂欢”（即魂桌），摆上一至三张桌子，用芭蕉叶铺面，上面摆一对煮熟的雌雄仔鸡、糯米饭、米酒、舂盐棒、食盐、芭蕉、红布、白布、白线等物。新娘则是在女性朋友们的陪伴下梳洗打扮，等待新郎。届时，新郎、媒人、亲友等一路鸣枪驱除邪魔，往女方家

婚礼迎亲

赶来，到了新娘家后要通过一道道关卡，待发喜钱、敬酒等之后，便可进入竹楼，与新娘举行结婚仪式。婚礼仪程上长者必须为新郎、新娘拴线，祝福他们白头偕老。

白线拴魂，永不分离 “树欢”，傣语意即拴魂。结婚若没有拴线，就不算是正式夫妻，这是傣族千百年传下来的习俗。

婚礼中，主婚人端坐在堂屋内的魂桌正中，其他长者围桌而坐。新人男右女左面对主婚人而跪，亲友围于两旁。坐在魂桌前

长辈为新人拴线祝福

的人伸出右手搭在桌上，低头静静倾听主婚人念诵祝词：“从今天到明天，从现在到将来，你们二人结成夫妻，要共同操心过日子……”待主婚人念完祝福词后，新郎、新娘从桌上揪下一团糯米饭，蘸点米酒、食盐等后摆在桌前。主婚人拿一条长长的白线，从左至右缠在新娘、新郎的肩背，将白线两端搭在魂桌之上，再拿两缕白线，分别缠在新郎、新娘的手腕上，将新人的心拴到了一起。在座的长者也跟着拿两缕白线，分别拴在新郎、新娘手上，边拴线边念祝词：“白线拿来，拴魂就开始，这线长又长，连接你们俩，永远不分离，相爱到老……”待长者拴线后，再由来宾拴线。拴线结束后，婚宴即开始，新郎新娘向宾客敬酒，待宾客们吃好后，还要到各桌去拜跪，接受他们的祝福。同时，还要邀请“赞哈”来唱歌祝福，热闹非凡。

用白线拴魂后，傣族男女青年便正式结为夫妻，男子要先

“从妻居”，也就是说男人要“嫁”出去，俗称“上门”或“入赘”。“从妻居”时间的长短可根据双方家庭情况来定，有一两年或三到五年不等，甚至终身。一般情况下，先在女家居住三年，再回男家住三年，即人们通常所说的“三比拜，三比马”（三年去，三年来），直到他们建立了自己的家庭。

德宏傣族“从夫居”婚礼　“从夫居”是德宏傣族的婚俗，无论是嫁姑娘或娶媳妇，都是儿女的终身大事，当天，男女两家均备办酒席，但男方家比较隆重。

婚礼时，先由伴郎（未婚男子）、媒人、三四个已婚男子及已婚妇女陪着新郎去接新娘。新娘跨入男家大门前，鸣枪放炮，以驱除邪恶，进入大门后，要在院子中敬拜家神，请家神保佑，然后送入洞房。新郎、两位年轻媳妇陪同新娘在洞房里吃饭，吃饭时，新娘脚要踩着饭桌下的镰刀、剪子、火钳、吹火筒等物。饭后，新娘便成为家庭主妇，要与新郎同甘共苦，共度一生。婚礼过程中，同样要请德高望重的老人为新人拴线，唱“祝福歌”，祝福新人。

新平花腰傣婚礼　花腰傣的婚礼也极为特别，婚礼一般选在午夜举行。在接亲途中，若遇河水，新郎必须背新娘过河。当新娘到达新郎家门前，手抱牛草的婆婆要带着新娘去喂牛，同时给新媳妇戴新斗笠，表示新娘已是家里的一员，新娘的伙伴们要去摘笠帽，用手敲新娘的头，新娘要尽力躲避，婆婆也要护住媳妇

婚礼吃蛋黄饭

的笠帽，以增进婆媳之间的感情。

在举行隆重的传统婚礼仪式时，先由老人为新娘、新郎拴红线，祝福婚姻美满，然后举行浇火、吃黄饭、抓食连心饭等仪式。待闹完洞房后，新娘与送亲女友同宿。次日，新娘回娘家，再由新郎去接回夫家同居。

婚礼脚背泼水

知识链接 **浇火仪式** 新娘左脚从门外踩在门槛上，新郎右脚踩在新娘左脚上，主婚者左手持一根燃烧的木柴，用右手持盛满清水的木瓢，随即将燃烧的木柴浇熄在新娘、新郎的脚上方，让水从新郎、新娘脚背上流走，以示驱邪。

丧葬习俗

茫茫宇宙，大千世界，人类生于斯，长于斯，死于斯。人自“生”之时即与“死”相随，有“生”必有“死”。而对于死亡这一不可抗拒的自然规律，从来都是一个吸引古往今来无数哲人智者苦苦思索的哲学问题。人类一方面要追求生存与发展，另一方面又时刻面临着死亡的威胁，所以，当面对着这样一个与人的一生相始终的现实问题，世界各民族均做出了不同的回答，并随着人类历史文化的发展，形成了形式各异而广博深邃的死亡观念。

祜巴宰香大长老葬礼

在傣族的观念中，人虽死而灵魂永存，灵魂只是与肉体暂时分开，死后即“转世投胎”“业报轮回”。因

此，为寄托哀思，告慰死者，让死者的灵魂得到安息，生者一定要为逝者举行隆重的丧葬仪式。

丧葬礼仪作为傣族文化的重要组成部分，是人生的最后一项礼仪，受到人们的高度重视，且不同区域的傣族葬礼各具特色，从一个人死亡到下葬，有着一整套完整而复杂的安葬习俗。

念诵《引路经》为亡灵开道

死亡，是每个家庭中最不幸的一件重大事情。当西双版纳傣族老人生命垂危时，家人要为其准备后事，亲属拿着鲜花和蜡烛到佛寺请僧侣来念诵《引路经》：“贺戛沙，贺戛沙，现在你的呼吸已很困难，很快就要在人间消失，无论子孙们询问什么，你都没有心思来搭讪，让我们吟诵引路经送你走……”每一句都在为即将离世的人开道引路，让其安心离开人世。亲人们守候在老人身边，不停地安慰病人。病人临终时，僧侣取来三块黄布，覆盖在病人身上，以示此临终之人是佛教徒，死后其灵魂将得到佛的保佑，顺利到达天堂。

德宏地区的傣族在老人弥留之际，一般会拿碎银或银制品请银匠加工，预测老人的生命，若加工的银聚拢，则认为老人会愈好；如若银呈分散状，老人不能康复，即将咽气，家人要抓紧时间准备后事，并请人来为其念诵《引路经》。花腰傣老人弥留之际，儿孙则要守候床前接气，以求香火不断，家运昌盛。

祜巴宰香大长老葬礼

鸣声报丧——入殓

傣族家中若有丧事，家属必须立即通知亲友和乡亲、燃放鞭炮报丧，村里的乡亲闻讯后都会前来帮忙，由村长或长者统一安排，立即分头做各种丧葬的准备工作。接下来，亲属用温水为死者沐浴更衣，若死者是男性，还要剃光头发。洗浴完毕后，给死者穿上两套新衣服，里面的一套一般是白衣白裤，再用金粉锡箔贴在死者面部，用碎金银放入死者口中和衣袋里。有的村寨在尸体入棺前，亲友争相为死者举行“包饭”仪式，做完这一切之后开始装殓。家人在灵柩旁点燃两支蜡烛，跪拜于两侧守护，等待佛寺的僧侣前来诵经超度。

傣卡丧礼

新平花腰傣在病人断气后，亲人立刻燃放鞭炮或鸣放三声火枪报丧。请人为死者倒剃头（男子）或梳发（女子）、洗身、穿寿衣。之后，在死者口中放入一撮糯米饭，同时把银圆或纸币放到死者身上，盖上白布，献上供品，择日入殓。入殓时亲人把孝布、篾甸子垫在棺柩底，用孝布盖上土坯做成的枕头，然后亲属将死者入棺，死者长辈或同辈封棺后停放堂中，等候亲朋好友前来吊唁。

停灵吊唁

死者入棺后，要在家里停放3~7天，具体天数可根据各家的经济情况来定，富贵人家一般多停放几天。家里的媳妇或女儿要在早上给死者端水洗脸，吃饭时，也要盛饭摆在灵柩前，如同死者活着的时候一样侍奉。

停丧期间，要请佛爷念经。当亲友带着钱、粮、酒、肉等物品前来吊唁时，死者的女儿或是媳妇都要放声痛哭，以感谢死者生前的恩德。亲友、村民们聚集丧家，一起打牌、喝酒等，气氛轻松。此种娱尸习俗，明朝李思聪《百夷传》里就有记载：“父母亡，不用僧道，祭则妇人祝于尸前，诸亲戚邻人各持酒物于丧家，聚少年百数人，饮酒作乐，歌舞达旦，谓之娱尸；妇人群聚，击碓杵为戏，数日后而葬。”显然，这为丧家带来了热闹，除阴气，也为死者亲属减轻一丝悲伤。

丧礼

墓穴选址

傣族的墓地一般按大人、小孩和僧侣分处在不同的位置，并有“坝消”（正常死亡者墓地）和“坝消先批”（非正常死亡者墓地）之分。

知识链接 **“坝消先批”** 是专门埋葬非正常死亡的人。凡是在寨外被雷电击死、被枪杀、被砍死、落水溺死、被野兽咬死、摔死、吊死、烧死、病死等被视为凶死，属于非正常死亡，不许抬进家停灵，也不能抬到“坝消”安葬，死者在哪里丧身就在哪里安葬，或葬于指定地点，不举行葬礼，也没有坟。

在选择墓地时，傣族还保留着原始的习俗，即在死者出殡安葬之前，必须由死者亲属在村寨其他男性的陪同下选择墓穴地址，可用掷蛋、掷碗、燃蜡、放马等方法。

掷蛋法 由死者亲属把摆放在灵柩前献给死者的生鸡蛋拿去选墓穴地址。到达坟地时，点燃一对香插在地上，由死者亲属呼唤死者名字，并念道：“我要给您选住地安家，您喜欢住哪里，就让鸡蛋在哪里炸裂。”念完后将鸡蛋掷出，鸡蛋在哪里炸裂，哪里就是安葬死者的墓穴。

掷碗法 死者亲属手拿一个瓷碗，面对坟地祷告后将瓷碗猛烈掷出，以碗破裂处为安葬地。

燃蜡熄灭法 死者儿子或孙子面对坟地祷告祝福，手持点燃的一支蜡烛绕地走三圈，再触地移动蜡烛，蜡烛在哪里熄灭哪里就是墓穴地址。

马择坟地法 由死者家属双手托着放有蜡烛和爆谷花的小供桌沿路撒谷花，一路祷告，然后放出一匹马，马停留处，便是墓地之所。耿马傣族富裕的家庭或佛寺高僧去世后常用此法选择墓地。

选好墓穴地址后，插木棍标识，以告诉挖穴人，然后返回。在返回途中，还要避开送殡的人。

出殡与安葬

傣族出殡与安葬习俗，因地而异，各具特色。如西双版纳傣族出殡当天，要清扫竹楼，搬开火塘上的铁三脚架，将火灰清扫干净，清理死者生前的生活用品。同时，用砂锅、布袋装上谷物种子送往墓地，以供死者灵魂带到阴间去播种。夫妻双方如有一方先去世，不论生者年纪有多大，都要在出殡时举行生者与死者的断线仪式。按传统，用一对蜡条和一条拴有槟榔的白线，一头系在棺木或尸体上，生者握住另一端，由长者从中斩断白线，以示从此断绝夫妻关系，阴阳相隔，永远不再相见，生者可以另娶或另嫁，不受婚约限制。出殡队伍由僧侣在前面为死者引路，亲友等跟在后面，敲锣打鼓，鸣放火枪，把死者送入墓地火化。

傣族的安葬方式，可根据死者的不同年龄、身份、死因等选择火葬、土葬、水葬等安葬方法，水葬现已渐渐废弃，只有居住在靠近江河旁的个别村寨保留。其中，德宏等地傣族对于正常死

耿马傣族长老圆寂火葬仪式

亡者，通常举行土葬；西双版纳傣族普遍实行火葬；佛寺里的佛爷、僧侣、德高望重者等，举行火葬。

祜巴宰香大长老葬礼

送葬结束后，还要请僧侣念诵《芒嘎拉》经文，送家神家鬼，为参与办丧事的人滴水拴线系魂。火化第七天后，亲人拾骨灰，就地埋葬并举行滴水仪式，不砌墓，不竖碑，不留痕迹。至此，所有丧事即告完成。待到每年入夏节以后的三个月内，还要为死者举行一次祭赕。

花腰傣出殡时，要请巫师送魂，为了隔鬼，隔邪气，死者的女婿要手抓灶灰从居屋撒到猪圈，再把灵堂里象征死者的裹有彩缎的木板、土坯抬出屋外放于两条长凳上。然后，死者子女依次给死者装肉饭，为死者到了阴间举行“搭桥”仪式。此时，死者大女婿拿鸡或鸭向出殡方向甩出占卜凶吉，若鸡、鸭的头顺向前方，则示大吉。出殡时，死者的长子身背长刀，扛着大火把走在最前面，女儿、儿媳们打着花伞，亲朋提着彩纸幡，大女婿手抱大公鸡跟随出殡队伍。

安葬时，先在坟坑内放鞭炮，长者在坟坑上挥舞长刀撵鬼驱邪。然后将死者骨灰装入木盒葬于坟坑中。由长子先铲土掩埋，其他亲人用手把泥土放在右衣角再倒进坟坑里，然后垒坟堆，立石碑。子女在坟前献上酒肉饭菜、香火、小葫芦、篾箩等祭品。

安葬归来后，家人及亲朋要相互打闹逗乐，以排解忧伤之情。据说，凡参加帮忙安葬死者的男人会把魂留在山上。于是，妇女们要在次日带上男人们的衣服上山叫魂，同时，死者家的男人们要在村外的一棵大树下祭寨鬼，祈求寨鬼保佑全村人平安吉祥。之后，每年都要上坟祭奠亡者。

傣族的丧葬习俗，因支系差异而形式多样，但主要仪程大体相同。千百年来，傣族的丧葬文化代代相传，既丰富了傣族的传统文化，也体现了一种“人与自然、人与人之间”的和谐。特别是西双版纳傣族不留坟不立碑的生态安葬，在当今世界生态环境日益恶化，土地资源紧缺的情况下，不失为一种先进的文化，更是值得提倡和学习。

岁时节令

每一个民族，都有体现本民族精神、文化和民风民俗的节日。这些与自然界季节更迭、英雄崇拜、爱情传说、宗教信仰等有密切关系的节日，是一个民族历史的活化石，也是一个民族生活方式的集中体现，更是一个民族传统文化的生动展示。傣族信仰南传上座部佛教，泼水节、关门节和开门节这三大传统节日均与宗教有关。

泼水节

水花放，傣家旺！

泼水节，又名“浴佛节”，傣语称“桑罕比迈”，即傣历新年，是傣族辞旧迎新的节日，也是最隆重盛大的传统节日。泼水节源于印度，是古婆罗门的一种仪式，后为佛教所吸收，并随佛教传入中国云南傣族地区。随着佛教的深入传播，泼水节逐渐成为一种民族习俗流传下来。

取水仪式

据说，创世初期，天地不分季节，世间不分冷暖，人类难以生存。创世神英叭派天神“捧麻点腊”到人间制定季节，但他却随心所欲，胡乱刮风下雨，人类苦不堪言。他的七个女儿心地善良，决定杀死父亲，拯救人间。一天晚上，恶神睡熟后，七姐妹便拔下他的一根头发将其脖子勒断，恶神的头颅滚下床来，头滚到哪里，哪里就燃起熊熊大火，七姐妹只有将其轮流抱在怀里才能扑灭火焰，这就使她们身上沾满了恶神的污血。从此以后，善神掌管了风雨冷暖大权，人间年年风调雨顺，因此，傣族便把消除灾难获得幸福的这一天定为全年之首——新年。过新年时，人们为了纪念和感谢杀死恶神的七姐妹，便泼水为她们洗去身上的污血。久而久之，便形成了泼水节的习俗。

▲ 取水仪式

泼水节在傣历六月下旬举行，一般要举办3~7天。第一天为“宛麦”，意为“送旧”。这一天人们要收拾房屋，打扫卫生，准备年饭和往后几日的各种活动。第二天称为“宛恼”，按照习惯，这一天不属于前一年，也不属于后一年，所以为“空日”。这一天人们要沐浴、洗头、理发、更衣、沐浴佛像和佛塔，晚上放烟火，放孔明灯，把一年中的疾病、灾难和脏东西统统送掉，干干净净进入新的一年。第三天叫“宛帕雅宛玛”，意为日子之王来临之日，即为新年，傣族人把这一天奉为岁首，并视为最美好、最吉祥的日子。这一天也是泼水节的高潮。

◀ 泼水狂欢

◀ 赛龙舟

这天清晨，傣族男女老少穿上节日盛装，采来鲜花绿叶以及带上各种供品去佛寺赕佛。同时还挑着清水为佛像洗尘，意为“浴佛”。“浴佛”仪式完毕，人们就开始互相泼水，互

◀ 孔雀舞

江边起舞

祝幸福、吉祥、健康。在傣族人看来，水是圣洁、是美好、是祝福。被泼得越多，就代表你收到的祝福越多。大家你泼我，我泼你，一朵朵水花在空中绽放飞舞，洋溢出一片祝福的海洋。

泼水节期间，还是傣族未婚青年男女用“丢包”来寻觅爱情、孕育幸福的美好时机。丢包是由傣族姑娘用花布精心制作，内装棉籽，四角缀有五彩花穗。丢包时，在绿草如茵的草坪上男女各站一排，先由傣族姑娘将包掷给小伙子，小伙子再掷给姑娘，并借此传递感情。如果双方互有情意，便悄悄退出丢包场，找一个幽静的地方依肩私语，一段浪漫的爱情故事由此拉开了

泼水节庆典

傣族集体舞

序幕。

竞争激烈的赛龙舟将泼水节引向高潮。宽阔的澜沧江上，一艘艘披红戴绿的龙舟队蓄势待发。龙舟扎以彩花，装扮成龙、孔雀、大鱼等形象，坐着数十名精壮的水手，岸上是穿着盛装的欢乐人群。号令一响，整装待发的龙舟便像箭一般往前飞去，劈波斩浪，旗帜飞舞，奋勇向前。铿锵有力的号子声，此起彼伏的呐喊声，叮咚作响的铓锣声，欢呼雀跃的喝彩声，让整个澜沧江都沸腾了起来。

傣族能歌善舞，节日期间，群众性的歌舞活动自然是少不了

的。广场上，人们身着节日的盛装，围成一圈，和着铓锣象脚鼓点翩翩起舞。孔雀舞精致优美，象脚鼓舞稳健潇洒，大家边唱边跳，动作优美，歌声动人，节奏鲜明，热情四溢。

放高升

燃放高升也是节日期间的一大乐事。放高升时，用一根数丈长的竹子，在根部填以火药等配料，置于竹竿搭成的高架上。把引线点燃，竹子便如火箭一般射入云天，在空中喷放出绚丽的烟火，光彩夺目。而这高升也寄托着傣家人的希望和祝福，据说高升飞得越高越远，人们就会觉得越吉祥，越光彩。

放孔明灯也是傣族地区逢年过节时一项特有的活动。孔明灯就是纸灯笼，又叫"飞灯"。入夜时分，人们便在广场空地，将灯烛点燃，把一盏盏孔明灯放到天上去。孔明灯载着傣家人的梦想和心愿，在漆黑的夜空中，飞向更高更远的天空。

关门节和开门节

关门节　傣族地区有这样的传说：到了每年的傣历九月，佛就会前往西天与其母讲经，三个月才能重返人间。有一次，正值

诵经

▲

毫瓦静听

佛到西天讲经期内，教徒数千人到乡下传教，踏坏了百姓的庄稼，因此耽误了他们的生产，百姓怨声载道，对教徒十分不满。佛得知此事后，内心感到不安。从此以后，每遇佛到西天讲经时，便把教徒都集中起来，规定在这三个月内不许到任何地方，只能忏悔，以赎前罪。故人们称之为“关门节”。

关门节，傣语叫“毫瓦萨”，即“进入传授佛法期”。时间定在每年傣历的九月十五日（公历7月中旬）举行，历时三个月。关门节期间，宗教活动频繁，僧侣去佛寺净居修学，禁止外出巡游；民间信徒定期到佛寺拜佛、赕佛，潜心修行，并且每隔一周用食物、鲜花、蜡条、银币或纸币供祭佛祖，聆听高僧诵经，讲授教规、戒律、佛教故事等。这一期间，傣族的世俗活动也是禁止的，年轻人不能恋爱结婚，老年人不能外出走亲访友，任何人

知识链接 **大赕和小赕** 大赕一般进行三天三夜，由佛爷及和尚念经，每家人要自己或请人抄写经书献给佛寺，并到佛寺静听和忏悔。小赕主要是在佛寺对祖先的一种祭祀。通常是村民们分组进行，每组凑钱买牛、猪等宰杀做菜，送来佛寺祭祀祖先，由佛爷和尚念经祈福，以求祖先庇佑。

点蜡祈福

波章诵经祈福

家不能建盖房屋，寨子的人不能迁出，外寨人也不能迁入等等。其目的是让人们把精力用在生产劳动和赕佛上，以求得佛祖赐福，来年人丁兴旺，庄稼丰收。

开门节 三个月的关门节日期届满，即傣历十二月十五日（公历10月中旬），便是“开门节”，傣语称“奥瓦萨”，即“走出传授佛法期”。这天，信众们像参加关门节庆祝活动一样，带上纸花、蜡条、花树、食物、钱币来到佛寺，举行隆重的赕佛和诵经活动。因为“开门节”在稻收后举行，在某种程度上也是庆祝丰收的日子。所以在这一天，傣族村寨也会热闹非凡，白天宴请宾客，喝酒唱歌、唱傣戏，跳象脚鼓舞、孔雀舞，表演传统武术，到了晚上放高升，点孔明灯，处处都洋溢着节日的欢乐气氛。

“开门节”后，傣族的娱乐活动渐渐恢复，僧侣们可以走出佛门，信众也可出远门盖新房，小伙子们可以串姑娘谈恋爱，恋人们也可以操办他们的婚礼了。傣族村寨又恢复了往日浪漫多情的世俗生活。

花街节

花街节是居住在新平、元江等县河谷热坝地区的傣族花腰支系特有的节日，一年两次，是傣族女子赛美，小伙挑选意中人，私定终身的盛大集会，被美誉为“东方情人节”。

各地的花腰傣过节时间不一，新平漠沙一年两次，一次在农历正月十三，称“小花街”或“上花街”；一次在农历五月初六，称“大花街”或“下花街”。元江的花腰傣也一年赶两次花街，一次是正月初一的热水塘花街，另一次是农历五月初七的大水平花街。

花街路上

元江花街节舞蹈入场

花街节这天，姑娘们吃过早饭，就在阿妈的指导下，开始梳洗打扮。雍容华贵的花腰傣盛装，古朴精致的银镯耳环，再加上头顶的鸡枞帽和腰间的七彩秧箩，姑娘们个个看起来如花似玉，俏丽夺目。阿妈还会在女儿的小秧箩里装进早已准备好的干黄鳝、腌鸭蛋、糯米饭等美食。等一切准备就绪，花枝招展的小卜少们（未婚女青年）便会相聚在村头，由经验丰富的女人带头，向花街走去。等到小卜少们走到花街，便三五成群的，有说有笑的，各自选一块地方，把心爱的绣物从秧箩里取出来，摆放在自己面前。这个时候，从各村寨来的小卜冒们（未婚男青年）早已

知识链接 **秧箩饭** 花腰傣的秧箩饭只能给情人吃源于一个美丽的传说：有个深爱丈夫的贤惠傣家女，一大早给在田间劳作的丈夫送饭，可在半路上遇到一个饥饿的恶魔，恶魔想尽办法想吃到秧箩饭，但这位贤妻不肯，遭到了恶魔的毒手，待乡亲们赶到抓住恶魔时，这位妇女已倒在了血泊中。她拿出压在身下的秧箩饭对乡亲们说："请把秧箩饭送给我亲爱的丈夫！"此后，傣家妇女们为纪念这位对爱情忠贞不移的女子，婚前都要到花街上吃秧箩饭，以表示对爱情和婚姻的忠贞不渝。

迫不及待地在花街等着“采花”了。他们上穿白衬衫，下着青绸裤，甚是帅气。假若哪个小卜冒对哪个小卜少有意思，便投去倾慕的目光，如果姑娘也有意，小卜冒便立刻从姑娘摆放的物品中取走荷包、手帕等，小卜少也收起绣物，徐徐尾随跟来，两人相继离开“花场”。等到太阳当头，你便会看到在花街附近的翠竹林下，溪水之边，依偎着一对对情侣，一边品尝着秧箩里的美味，一边诉说着彼此的情意。小卜冒这时就会拿出早已经准备好的定情信物，塞进小卜少的秧箩里。

等到“大花街”到来，小卜少、小卜冒们的爱情之花更是开得如花似火。清晨，小卜少们穿着华丽的盛装，装着美味佳肴，小卜冒们穿着帅气，备着银手镯等订亲礼物，都来到了花街上。在找到自己的心上人后，便来到“小花街”时相会的“老地方”再续情意。他们吃的仍是米酒和黄鳝，可是小卜少和小卜冒的情意却是更加浓厚，小卜冒拿出订亲礼物给姑娘戴上，并告知姑娘提亲的相关事宜。情侣们品尝着这美味佳肴，憧憬着日后美好的生活。

第三章 多元宗教和谐共融

“村村有佛寺，寨寨有僧侣，佛经如山，佛塔如林，朝佛诵经活动终年不绝。”正是南传上座部佛教在傣族地区盛行的标志。傣族主要信仰佛教，同时亦信仰本土的原始宗教。此外，还有一些傣族信仰基督教，部分地区的傣族只信仰原始宗教。这些不同类型的宗教，在长期的历史发展中，相互包容，相互渗透，和平共处。

在傣族的宗教信仰中，原始宗教的自然崇拜、竜林崇拜、水崇拜和图腾崇拜，以及佛教与五树六花的不解之缘，在很大程度上保护了当地的生态环境，形成了一种“人、宗教、生态”和谐相处的景象。

原始宗教与崇拜

傣族是一个有着浓厚传统文化的民族。在南传上座部佛教尚未传入傣族地区时，傣族先民信仰原始宗教。佛教传入后，与原始宗教相互包容，相互渗透，最终形成了傣族宗教信仰的二元化。浓厚的宗教文化氛围对傣族文化、民族心理素质、民族性格、思维方式、价值观念、世界观、人生观等诸多方面产生了极其深刻的影响，在各个领域均打上了深深的烙印。

在远古时期，生产力极其低下，人类的认知能力尚处于萌芽状态，故对各种自然现象无法解释，对人类自身和社会的认知匮乏，这些都让傣族先民对自然界产生了恐惧和敬畏。他们认为：人的生老病死，以及洪水暴发、山崩地裂、风霜雪雨等自然灾害的发生，是有一种人们看不见、摸不着的神灵力量在暗中发挥作用。经过长期的体验和探索，傣族先民便把这种力量人格化，赋予它们超自然的力量，以寻求保护。“万物有灵”的观念逐渐深入人心，恐惧和敬畏便衍生出了各种崇拜，原始宗教由此产生。其内容包括了自然崇拜、灵魂崇拜、祖先崇拜、图腾崇拜等等。

孔雀舞

孔雀舞造型(壁画)

自然崇拜

主要包含了对自然物的崇拜，如天有天神，地有地神，江河有水神，山林有山神，植物有植物神，太阳有太阳神……人们为了求得生存和发展，都要对这些神灵进行定期祭祀。

赛龙舟（壁画）

灵魂崇拜

傣族认为，大自然的物种与人同样是有生命和灵魂的，人类与自然界相互等同。不仅人的身上有32个大魂92个小魂（有的地区则认为，人身上有124个魂，其中骨头有32个魂，肉体有92个魂），而且许多动植物也有灵魂，如牛魂、鸡魂、谷魂等。这些众多的灵魂多依附在人和各种物种上，一旦受到惊恐而出窍离体，就会出现危险或生病，因此，必须招魂。可见灵魂观念对傣族影响至深。

祖先崇拜

傣族的祖先崇拜表现为对氏族祖先崇拜和部落祖先的崇拜，最初源于灵魂崇拜。他们认为氏族和部落首领是英雄豪杰，为氏族或部落做出突出贡献，其亡魂成为他们的保护神，其中蕴含着人们丰富复杂的思想感情。据傣文史籍《沙都沙罗》记载：采集狩猎时期的氏族首领沙罗因发明了弓箭，教会了人们如何狩猎，使得饥饿中的男女老少得以生存。在他死后，其灵魂被奉为猎神而得到人们的祭祀。进入农耕初期，傣族首领帕雅桑木底因首创盖房技术，建寨立制、发展农耕经济而被尊为建房和建寨始祖。他去世后，傣族先民将他的灵魂奉为房神和寨神。自此以后，许多氏族酋长、部落首领以及氏族和部落中的英雄等去世后，均被傣族先民奉为祖先和村社的保护神——勐神和寨神，以求得他们的庇佑和保护。此种祖先崇拜不是以血缘为联系的亡故祖先，但却是以功利思想为基础。随着氏族和部落的解体，派生出了另一种以血缘感情为基础的祖先崇拜——家神崇拜。因此，傣族的勐神、寨神和家神崇拜，不仅是以血缘观念为核心，更为重要的却是对祖先的崇敬。

图腾崇拜

图腾是傣族先民的一种错觉血缘意识，他们认为自己的祖先与某些图腾物有着血缘关系，图腾物是他们的亲族，故鸟、象、龙、牛等成为傣族的图腾崇拜物，此种崇拜突出地反映在傣族的许多神话传说中。

大象

傣族谚语云："象靠傣族，傣族靠象"，反映了傣族与大象非同一般的关系。自古以来，傣族热爱大象，崇拜大象，与大象长期和谐相处。

傣族图腾崇拜神话《象女儿》就讲述，远古时期，象神是森林之王，管理着森林里的万物。后来一位女子误饮大象之尿而怀孕生下女儿象姑娘。象姑娘长大后到森林里去寻找象神父亲，与象神相认并在森林里居住。几十年后，象姑娘在森林里与一位猎人相遇后最终结为夫妻。象姑娘因思念母亲，便请求象神允许他们返回人间看望母亲。他们临走时，象神送给象姑娘一对象牙，并嘱咐人类吃、穿、住等一切生活所需都藏在象牙里。象姑娘回到人间，跟猎人生儿育女，他们的后代被称为象氏族。这则《象女儿》完整地讲述了人与象婚配的故事，形象地反映了傣族先民认为自己的氏族与大象有血缘关系，他们崇拜大象，并以大象为图腾。如今，傣族还有祭象、颂象、以象为吉祥物等习俗，这正好印证了傣族崇拜大象的事实。

孔雀

孔雀也是傣族崇拜的动物。傣族的一则图腾神话讲到，曾有一种人首鸟身的孔雀与人婚配后生下后代，这种人首鸟身的孔雀被认为与傣族有血缘关系，从而被傣族崇拜。另外，景永（今西双版纳景洪），即孔雀城之意，是傣族先民南迁定居后孔雀最多的地方，首领告诫大家，孔雀是吉祥物，不得捕杀伤害，要珍惜爱护，亦可饲养。从此以后，人们极其崇拜孔雀，并自觉地保护和饲养它们。

总之，傣族原始宗教中的祭祀水神、山神、树神、猎神、鱼塘神、龙神、叫谷魂等各种祭祀活动和禁忌，以及对大象、孔雀、马鹿等的崇拜，反映了傣族先民万物有灵的观念，也正是这种观念长期深入人心，并在禁忌、祭祀仪式习俗的影响下，规范了人们的行为，保护了生态，促进了人与生态的平衡与发展。

孔雀舞

水崇拜与祭龙、蛇

傣族被世人誉为“水的民族”，自古以来，人们世世代代滨水而居，与水结下了不解之缘。傣族创世神话《巴塔麻嘎捧尚罗》言：“……天生水，水生雾，雾生气，气生风，风还生神，神变人，万物又是英叭传；英叭变出了神果园，英叭变出了神果树，从此有了守门人，守门人是神变的，终身守果园，这是最初的人。”此神话形象地描述了世界由水而生，创世神从水中诞生，神再利用水创造了人类。《创世神话》也同样记述了：“地球从水中浮起，人类从水中诞生。”显而易见，这是傣族先民对水的最初认识。在傣族的传统信仰里，水是生命之源，是孕育生命的母体，天地因水而成，人类因水而生，对水产生了一种天然的神圣感和崇敬感，并将水与土地、森林、粮食、生命等重要物质联系起来，形成了对水的重要性的特殊认识以及一系列与水密切相关的宗教礼仪和用水习俗。

取水仪式

佛像旁的司水女神

傣族谚语“先有水沟后有田”不仅揭示了水在农业生产和人们生活中的重要性，而且说明了他们很早便学会利用水灌溉农田，成为世界上最早种植水稻的民族之一。为保证水稻生产的正常进行和丰收，各地傣族形成了一系列水崇拜祭祀仪式，如祭祀水神、祭勐神和寨神及“赕新年”、赕“毫瓦萨”、赕“奥瓦萨”等等。在西双版纳，每隔三年祭一次水神。如遇旱季，要备祭品到水边求雨，并由主持叫魂的人念诵《叫水魂歌》：

雨魂哪，快回来；别跟风到处跑，别跟云到处飘，野白花已开，布谷鸟已叫，犁田播种的时候到了！人在呼唤你，田在呼唤你，草在呼唤你，小河也在呼唤你，快回来呀，雨魂，回来润湿干裂的土地，回来营救河边的小草，回来灌溉田里的秧苗。快回来呀，雨魂。

通过叫魂助天降雨，以祈求风调雨顺，稻谷丰收。

在佛寺里，我们通常可以看到释迦牟尼雕塑像侧面站立着的司水女神“南托腊尼”。传说佛祖释迦牟尼得道之后，常受到恶魔攻击，女神“南托腊尼”从发辫中释放洪水把魔鬼淹没，保护了佛祖，成为佛教的保护神。此外，司水女神“南托腊尼”像也常被人们雕刻在水井旁，以守护井水。

傣族认为龙、蛇是水神，有祭龙和祭蛇的习俗。西双版纳《龙女神》的传说中讲道：澜沧江里的龙女出游时，在勐养坝子与傣族小伙子岩冒养相遇并相爱，后结为夫妻，并帮助百姓挡坝

知识链接 **井塔** 傣族的水井位置多在村头、寨旁水源充足的地方。凿井时要先挖一个井坯观察一年以了解四季水量、水质的变化情况，最后请德高望重的老人和有经验的人来品尝鉴定水质是否浑浊、有无异色和异味，然后才能建造井。

傣族对水井有着严格的管理方法，饮用水和洗涤用水要分开，井水主要供饮用，沐浴、洗涤多在河里。为保持井水的洁净，用藩篱防范牲畜野兽，用镜子威吓飞禽走兽，使用公共舀水筒等。傣族对井栏、井台、井盖的设计和建筑装饰都十分讲究，形成了具有民族特色的井塔，是宝贵的建筑艺术品。

井塔

蓄水，开沟挖田，使得勐养坝子风调雨顺，百姓丰衣足食。后来，召勐听信谗言，错杀了岩冒养。龙王大怒，发大水淹没景洪坝子，人们知道是因为错杀岩冒养，才招来的灾害，于是纷纷向龙女认罪，善良的龙女不计前嫌，原谅了召勐，拯救了景洪老百姓。老百姓为了感恩龙女，便称龙女为勐神，并年年在澜沧江边祭祀。

蛇也被人们赋予了神性，成为了与水有关的神灵，并演化为龙的代表。傣族认为蛇是吉祥物，能保佑家庭平安、年景丰裕，使人们丰衣足食，故不能随便乱打杀。如在西双版纳傣族村寨，若蛇爬进谷仓，主人不但不打也不赶，反而倍感喜悦。在民间传说中，傣族竹楼的楼梯扶手就是蛇的化身。元江、新平等地区的傣族遇见大蛇要叩头。如今，傣族水井井罩上刻有的龙、蛇图案，展现了傣族对龙、蛇的崇拜。在日常生活中，村寨的水井也受到大家的爱护，任何人都不得随意浪费和污染井水。

泼水节期间，人们相互泼水、龙舟竞渡、浴佛、堆沙滴水，以及人生礼仪、升和尚、贺新房等中的用水习俗也说明了傣族是一个热爱水，崇拜水的民族。傣族对水的崇拜，不仅促进了人与自然的和谐统一，也塑造了傣族柔美、平和、崇尚自由的民族性格。

综上所述，傣族的原始宗教，最初都是社会生产力不发达的产物，但一旦成为人们的信仰之后，经过人为的不断强化，便成为了傣族先民的精神支柱，指导着傣族的生产和生活，影响着人们的思想观念以及行为，并由此产生了一系列诸如卜卦、挂门符和戴护身符等求神驱鬼的巫术活动。随着南传上座部佛教的传入，原始宗教在傣族社会中的影响渐渐削弱，但它并未消失，将会长期地保留下去，并与佛教和谐相处，相融共生。

南传上座部佛教

“大众部”与“上座部”

据大量史料记载考证，公元前6世纪，佛祖悉达多·乔达摩（释迦牟尼）创立了佛教。他在古印度恒河流域中游一带传教，收了很多男女信徒，建立了比丘和比丘尼僧团。在他寂灭后第一年，由他的弟子摩诃迦叶主持，召集了500名长老诵集了佛陀生前所说的教法，这就是佛教史上所说的“第一次集结”。佛灭后一百年间，比丘僧团严持戒律，不分派别，被称为“原始佛教”时期（也称早期或初期佛教）。佛灭后一百年，僧团因为“十事非法”事件，僧团公开分成“大众部”和“上座部”两派。此后的几百年间，佛教又相继举行了第三次集结、第四次集结和第五次集结。1954年至1956年，缅甸政府举行了第六次集结，来自泰国、斯里兰卡、柬埔寨、老挝、印度、巴基斯坦等国的2 500位长老，根据各国的各种版本，对巴利语的经、律、论三藏典籍进行校勘，形成世界上有权威的巴利语大藏经版本。

高僧参加开光大典

南传上座部佛教特征

从佛教源流上看，“上座部”采取“分别说”的态度（以为

西双版纳总佛寺开光大典

诵经

对佛说和解释佛说要有分别的态度），所以南传上座部自称为“分别说上座部佛教”。与其他部派相比，南传上座部佛教是保守的一派，具有原始佛教的一些特点。其根本特征就是尊持佛、法、僧三宝，弟子不皈依不敬事诸天神鬼怪，只礼敬和皈依佛陀。在教义、教理方面主要是讲三法印、四圣谛、八正道和十二因缘。其教理的核心是宣扬现实世界是一种轮回，把人的生老病死都看成是“苦”，要从苦中获得自我拯救和从旋转的“生死轮”中获得自我解脱，从而达到涅槃；同时，主张静心修行，克服各种欲望，最终修到最高果位阿罗汉。

公元5世纪前后，上座部佛教在斯里兰卡得到很大发展，逐渐向中南半岛以及东南亚的其他一些地区传播，从印度经斯里兰卡传入泰国、缅甸，后来传入我国傣族地区。向这个方向传播的便称作南传上座部佛教。

“山林派”与“田园派”

南传上座部佛教作为具有佛教早期特点的一个教派，在最初传入西双版纳傣族地区，被称为“摆坝”派，即“山林派”，宣讲的教义与原始宗教针锋相对，受到傣族的抵制，因而在一个很长的时间内，其发展和传播都非常缓慢。此后，南传上座部佛教慢慢把佛寺建在村寨附近的菜地边上，宣传的教义比较宽松，注重行善积德和个人修行，不公开与原始宗教做斗争，逐渐形成“摆孙”派，即“田园派”。他们宣扬的众生平等、因果报应等佛教思想渐渐被傣族所接受。随着傣族封建政权的建立，佛教所宣传的忍耐、消极、轮回等思想有利于封建统治，逐渐被封建领主吸纳为统治思想。这样，经过长期的观念磨合和统治宣传，南传上座部佛教与原始宗教思想从斗争转化为融合，成为傣族群众统一的宗教信仰。尤其是南传上座部佛教的传入，使傣族创造了自己的文字——傣泐文，不仅加快了佛教文化的传播和交流，更是极大地传承和发扬了傣族的传统文化。

南传上座部佛教对傣族社会的影响

在长期的历史发展中，佛教已经融入傣族社会的方方面面，对傣族的政治、经济、文化、社会生活都产生了深远的影响。

政治上的两面性 早期佛教传入傣族地区时，佛教一方面想依附封建统治来扩大传播和影响力，而另一方面，佛教中的思想有利于维护封建统治，封建领主也利用佛教来巩固封建领主制度。两者相互结合、相互利用，逐渐形成政教合一的制度。在过去，傣族地区的最高封建统治者为“召片领”，被称为“至尊佛主”，在登基时，要举行隆重的滴水仪式。国王或各勐土司自幼均入寺为僧，修养学习（时间不限，随时可以还俗），而高级僧侣的任免均有召片领亲自批准。各佛寺上下隶属，层级分明，上级佛寺对下级的僧侣有处罚和撤换等权力。召片领入住的地方，多是全区最大的佛寺，住持一般由召片领的亲属担任，而其下各级的佛寺也都由同级农奴主或其代理人亲属等亲密关系者担任，由此而形成了一套严密的自

烧白柴

祈祷

学习贝叶经

上而下的统治机构。上至召片领，下至村寨头人（傣语叫“帕雅”），都是佛的代表人，佛教兼具教化和统治的双重作用。

经济上的深远影响 过去，封建领主一方面对佛教给予经济上的支持，如把土地赠给佛寺，由佛寺租给农奴耕种，并收取一定的费用，同时规定农奴每年向佛寺缴纳一定的谷物；而佛寺的各种开支，如佛寺的消费、僧侣生活的开销、建筑设备、宗教活动等主要由世俗信徒来供给，每逢重大宗教节日活动，还要“赕佛”，捐献食物、烧柴、经书、钱财等。另一方面，傣族男子都要入寺学习，到了一定年限后便可还俗，这在某种程度上保证了社会劳动力的供给。同时，傣族男子学习的内容不仅是宗教知识，还包括了天文、医学、道德法律、文学艺术等各种知识，从而大大提高了劳动者的综合素质。待到各级僧侣还俗后，便可用自己所掌握的知识指导生产生活，促进经济的发展。

诵经

社会生活的巨大渗透 首先是日常生活中。新生儿要抱到佛寺请佛爷念经祈福并赐名；青年人结婚先要到佛寺拜佛，祈求吉祥幸福、白头偕老；老人去世时要请佛爷至家中诵经，祈求安乐升天；新房落成迁居、家人染病、出门远行等都能听到僧侣们的诵经声。傣族日常生活中宗教活动繁多，形式多样，内容丰富。

从全勐的“大赕”到一家一户的“小赕”，每次做“赕”，信徒不管男女老少，都会带着最好的供品跪拜在佛祖脚下，静听僧侣传经布道，或祈福或忏悔心中愧疚。而傣族的三个重大节日——“泼水节”“开门节”“关门节”都与宗教有关。

其次是个人修养。道德观方面，佛教倡导“善行修身”“乐善好施”，所以，傣族自小就被教导不偷盗、不抢劫、不欺骗，要多行善事，以德报怨。长期的潜移默化和教导，使傣族养成了诚信友爱、善良和睦、尊老爱幼的传统美德。礼仪观方面，提倡“要尊重长辈和老人”“与人说话要和气，举止要文雅”等。这些佛教教义，培养了傣家人尊老爱幼、热情好客的礼仪观。

再次，文化教育方面，受到南传上座部佛教影响的傣族地区，每个村寨都有佛寺。过去佛寺不仅是宗教活动的中心，也是学习和教育的中心。傣族男孩儿在7—9岁便会送入佛寺，进行佛教修行和文化知识的学习。这些男子不仅具备了佛学知识，还掌握了天文历法的知识，精通傣文，自身的文化素养得到很大的提高。待到还俗后，便成为傣族的知识分子和社会的中坚力量，传承和发展了傣族文化。

密林塔寺

对传统文化的塑造　南传上座部佛教在传入傣族地区的过程中，带来了印度的文字、天文历法和其他的古文明，对傣族熠熠夺目的传统文化起着不可磨灭的塑造作用。

文字方面，佛教的传入，促使傣族创造发明了自己的文字——傣泐文，使得傣族的各种文化得以保存和传承。现今保存的傣文文献中，不仅有三藏圣典、三藏经注释等佛经著作，还有大量关于傣族社会历史、天文历法、政治法律、农田水利、医药技术的记录以及诗词歌赋、民间神话和传说等诸多文学作品。

文学作品方面，随着佛教的传入，许多印度佛经文学和民间文学也不断传入傣族地区，这不仅大大地丰富了傣族文学作品的思想题材，更是提供了写作手法和艺术风格上的借鉴。傣族进入封建领主社会后，傣族文学发展到了一个繁荣时期，犹如繁星般的叙事长诗不断涌现，高达550部，成为傣族文学史中最为璀璨光辉的一部分。

建筑艺术方面，由于佛教的传入，让傣族寨寨有佛寺，勐勐供佛塔。佛寺规模宏大，结构精致巧妙，而殿内更有佛像、佛龛、佛伞、佛幡以及各种祭祀供品等陈列摆设，整个大殿富丽堂皇。栩栩如生的佛像雕塑、叙事生动的布画，无不在诉说佛教的传说故事，宣扬着佛教的教义和观念。佛塔更是多种多样，群塔雄伟壮观，独塔玲珑精致，伴着风铃声，传送着一句句佛经。这些佛寺佛塔，不仅是傣族人民的智慧结晶，更是佛教文化的凝聚。

▲

新一代孔雀王子约相表演孔雀舞

民间艺术方面，在南传上座部佛教中，孔雀和白象被视为温柔顺美的动物，代表着吉祥如意，反映在傣族舞蹈中，便有了优美精致的孔雀舞、洒脱奔放的象脚鼓舞与此相呼应。而赞哈口中的赞歌，寺中精美绝伦的壁画，都是南传上座部佛教文化的展现和表达。

总之，南传上座部佛教经过长期的磨合和本土化过程，逐渐成为傣族社会中占统治地位的宗教意识形态，对傣族社会产生了全面而又深刻的影响。

当今，随着社会的发展和文化的交流与融合，以及国家宗教政策的自由和不断开放，西双版纳、德宏、临沧、景谷等地区的傣族绝大部分在信仰南传上座部佛教的同时，还保留着对古老原始宗教的信仰；而生活在丽江地区永胜县、华坪县，楚雄地区永

点蜡条

仁县、武定县等地区的傣族以及分布于元江流域的如新平、元江、金平等县的傣族，普遍信仰原始宗教，而不信仰南传上座部佛教；有些则信仰基督教。佛教作为一种信仰，不仅保持着傣族社会的延续性，凝聚着傣族人民的精神和文化心理，更维系着整个傣族社会的和谐稳定。

形式各异的赕文化

赕——舍与得间轮回

赕，源于古印度佛教用语，中国古代南方某些少数民族“以财物赎罪”或“所输货物”称之为“赕”。而在傣族社会里，赕即“赕佛”，即用自己的劳动果实无偿地奉献给佛，把财物捐献给佛门的善举。后来，这种善举延伸到了傣族社会生活的方方面面。

赕鼓

南传佛教传入后，西双版纳傣族形成了一系列奇特的赕佛文化，其内涵丰富多彩。

首先，赕亦是一种悟性行为，是信徒们实现自己信仰的最高境界，是净化心灵，修炼成佛的行为，是培养善意与积善的一种方式。

其次，赕为佛门提供物质保障。佛寺中的庙宇修缮、经书制作以及僧侣们生活起居等费用仅靠僧侣们化缘是无法得到保障的，因此，民众自愿而赕，为佛门提供了丰富的物资。

再次，赕支持教育，传承与发展佛教。傣族佛教以村为单位，因此，赕实际上是各村实现自我办教，自我发展的一个重要手段。傣族男孩子从7岁起必须剃度入佛，出家时间可长可短，短则1~3个月，长则三五年后可还俗，也可终身为僧，但为数极少。傣族男孩子如果不剃度出家，就没有社会地位。所以，人们积极地赕、不停地赕，为孩子们提供了物质保障，进而有效地传承与发展佛教文化。

最后，赕是一种公益事业。人们往佛寺里的功德箱投入钱，就是一种赕，一般用于修缮佛寺、佛塔，办慈善堂、慈善机构等。这种善举逐渐从佛寺向民间延伸，如修路、搭桥、掘井等都是由人们自觉自愿地赕。赕可以理解为一种无偿捐赠的行为，如同今天的天灾人祸，各地区民众纷纷捐赠帮助，是社会中的一项公益事业。在傣族社会里，有赕无滴水，将事倍功半，赕了也没有更深刻的意义，因此，做赕时必须举行滴水仪式，才能善始善终。

傣族节日与赕

“摆”是傣族节庆的称呼，赕佛有时也称“摆”，因此，“摆”时要赕，赕时也要“摆”。节日与赕，有内容不同形式相同的，也有内容与形式相吻合的，即节日是赕日，赕日也是节日。群体性、参与性是节日与赕的共性，无论是节日中的赕还是赕中的节日，都要把自己的财物无偿地奉献出来，是一

赕毫干

种相互分享的最高境界。

节日与赕，丰富了美食文化。傣族米线、年糕、粽子、炸牛皮、香茅草烤鸡、烤鱼等特色小吃都是节日与赕活动中不可缺少的美食。但紫米与紫米制作的食品，掺杂花生或其他原料的粽子都不能赕，甚至不能拿到佛寺里。

节日与赕，促进商机。过节过赕，人来人往，生意人忙着做各种买卖，借机赚钱。

节日与赕，年轻人谈情说爱的佳期。夜色里，联欢的舞台上，姑娘们翩翩起舞，优美的舞姿牵动着小伙子们的心。孔明灯、礼花、火光划破了黑夜，待人潮散去，小姑娘们与小伙子们花前月下，谈情说爱，你侬我侬。

▲

大象

丰富多彩的“赕”

随着南传上座部佛教的到来，傣族地区形成了丰富多彩、各具特色的赕文化，促进了傣族和平、和谐、和合、和美的生活态度。傣历一月份到十二月份，每个月都有节日和赕日，有些月份还有两三个节日或赕日。一月、二月、三月的十五日赕塔，即过塔节。四月、五月赕佛（即和尚升级的赕），送孩子入佛门，其间举行剃度仪式，亲朋好友都要参加赕“鲁教”。六月、七月是傣族一年一度的新年节，即“泼水节”。九月、十月、十一月、十二月进入入夏节（亦称关门节或夏夕节），其间要分别举行各种赕，如赕给逝者、赕“玛哈邦”（把各种物质投放在来生）、赕“尾摆那”（赕给来世）、赕经书、赕“苏玛波咪”等。此外，还有赕“沙拉甩”（即让僧侣们抽签，抽到什么赕品便归其个人所有）、赕“嗨”赕“纳”、生辰与赕、赕“毫撸祸卜甲”（捐献给佛寺以消灾解难的大米）、赕“姆毫刚很”（摆家宴）、赕“帕芭”、赕“帕杆厅”（送袈裟）、赕“钦沙玛”（过圣诞节）、赕“沙腊”等。每一种赕都有其独特的形式、内容与意义，其中最有代表性的赕有：

赕塔——修炼菩提之心　佛塔作为一种标志性的建筑，是佛教专门用来安葬佛舍利子的。为此，佛舍利子便成为佛塔的心脏而充满了灵性。所以，西双版纳的佛教信徒们在修建佛塔时，十分重视塔心的安放。首先要征集信徒们手里的金银、珠宝、玉

塔心

石、佛像等各种宝物，或高僧们保留的舍利子等汇集组成佛塔的心脏，然后选择良辰吉日安放塔心。另外，安放塔冠同样很重要，需统一组织赕，届时僧侣到场诵经符咒，并由德高望重的僧侣把塔冠安置在塔顶，这样修建好的佛塔才会受到人们的敬仰。佛塔修建竣工之后，便可择日举行赕塔、拜塔活动。

"赕塔"一般在傣历一月至四月（公历11月至次年的2月），是西双版纳傣族"一寨一年一次"的传统活动，分为"备赕、请客、滴水"三天。请客之日，所有被邀请的宾客都带来赕品与主人共同搭赕。滴水之日，即拜塔之日，信徒们将所有的赕品摆放在塔基上，然后每个人手持点燃的蜡条，双手合十，绕塔拜塔，滴水过后赕塔结束。

赕塔

赕塔实际上是赕佛，拜佛祖，是人们对佛舍利子或相关遗物的尊重与崇拜，人们不断地赕，使佛塔香火不断，佛音绵延，让富有灵性的佛塔赐福人间。

赕塔展现了每一个傣家人"诚信、诚实、诚心、诚恳"的特质，培养了人们的善根、慈悲之心，修炼了人们的菩提之心。

赕佛寺——行善积德 "瓦"（傣语，佛寺）由"威夯"（佛殿）、"波苏"（戒堂）、"虹"（僧侣宿舍）等构成。佛寺建造的位置很讲究风水，地基要高于村寨，并与村寨保持一定距离。

赕佛寺，一般在修建佛寺时和竣工以后。修建佛寺需要全村、全区域、跨区域等各界的共同力量。修佛寺时所需的各种材料，需要信徒们积极自愿地赕，赕了又动手修建佛寺，是一种行善积德的行为，所以每个村寨都愿意自己动手修建佛寺，也有请人来施工的。修建竣工后的赕，如开光大典，需要择良辰吉日举行隆重的庆贺，一般选在月上旬某天的上午，为期三天。赕佛寺，为佛寺的修建筹集了物资，便于佛寺的顺利建设，同时也为人们行善积德提供了机会。

赕经书——尊重知识 赕经书是信徒们把刻写好的经书捐献给佛寺，以丰富佛寺经书和教材读物，是傣族赕佛的一个重要内容，也是佛教活动的重要组成部分。

赕经书的时间为傣历关门节（公历7月中旬左右）以后的三个月，每月一次，吉日一般在傣历月上旬的十三、十四日。赕经书按规模的大小还可分为大赕和小赕。关门节后的三个月期间，洪涝、泥石流等自然灾害频繁发生，人们感到恐惧与不安，甚至不能嫁娶，不能进行各种娱乐与庆典活动，只能依靠呈献经书，祈求风调雨顺、五谷丰登、安居乐业。

▲ 赕佛寺

赕的经书户均一本，多则不限。信徒们所赕的经书都没有落款，主要以专门的经书为主，也有大部分非佛经读物，如天文、历法、数学、诗歌集及叙事长诗等，人们通常把佛经或佛语书写在这类书籍的首卷或前言上，以表示这是佛经的延伸，是佛经的辅助教材，好让读者珍惜、认真阅读。在赕经书活动期间，僧侣们要昼夜不停地轮流诵读每户人家赕的所有经书。

赕经书，展现了傣族对知识的尊重与对教育的重视，同时，也是人们精神层面上的一种享受。

赕“鲁教”——传承知识 赕“鲁教”是傣家常见的一种赕活动，也是最隆重的。当傣家孩子7岁时，父母便把他们“赕给佛门”，即把孩子送入佛门学习，同时为佛门服务一段时间。在未入佛门之前要先去跟僧侣们实习诵读经书等，称之为“和荣”。赕“鲁教”首日，当孩子们淋浴了圣水，削去头发，披上袈裟后，就变成了“鲁教”。这一天，还要请“鲁教”回家庆贺，“鲁教”可以不用走路，要么是骑马，要么是父亲背着回

知识链接 “和荣”：傣语，指适龄儿童准备入佛剃度为僧侣的孩子。“鲁教”：傣语，即玉儿，指当日剃度出家的孩子。

升小和尚

家。赕“鲁教”过程中，亲生父亲还要为孩子找一个或两三个以上的佛父或教父，这样既考虑了孩子以后的学历升级，也为那些没有儿子的人提供了方便。

赕“鲁教”，是最有福气的赕，谁家赕“鲁教”都要大摆宴

知识链接 **和尚升级的赕** 西双版纳傣家男孩子凡到了7岁就必须剃度入寺为僧，过一段短期的僧侣生活。在学习傣族传统文化的同时，也接受国家的义务教育。到了一定期限后可还俗，亦可继续为僧。男孩子当了和尚后需文身，这不仅考验了一个人的毅力，而且展现了男子的威慑力量与气质，深得姑娘们的喜爱。

僧侣等级分为八级，每一层次的升级都比较难，要由资历与时间决定，年满20岁才可以由“帕”升为“都”，满40岁才可由“都”升为“祜巴”。凡是入佛寺的男孩子都勤奋学习，奋发获取各种知识，争取在还俗前获得更高的级别，以期得到人们的尊敬与崇拜。

升小和尚

男子入佛升“帕”、升“都”、升“祜巴”等都是一件很荣幸的事情，是个人、家人、族人、全村的骄傲与自豪。在傣族传统习俗里，若长子入佛升“帕”，是父亲的福分，次子入佛升“帕”，是母亲的福分。升“帕”赕、升“都”赕等期限为三天，级别越高，赕的规模越大，越隆重，大家都纷纷前来赕，借机沾上福气和福运。和尚升级的赕体现了傣族人民对文化知识的尊重与渴望。

知识链接 **僧侣等级** 由低到高排列为八级，即帕，都（比丘），祜巴（都统长老），沙弥（沙门统长老），僧伽罗阇（僧主长老），帕召祜（佛师，阐教长老），松留（僧正长老），阿伽摩尼（大僧正长老。）

席请客，被请的人都必须光临，不得推辞或搪塞，否则会有报应。因此，每个被请的人都会出席赕“鲁教”，并拿着钱和蜡条等赕品放入主人准备好的盘子里，然后双膝下跪，等待主人请来的德高望重的老人赐福。当晚主人家还邀请赞哈来唱歌助兴，通宵达旦，热闹非凡。天亮之后，再把“鲁教”及所有的赕品都送入佛寺，待沐浴“圣水”、诵经、接受住持赐予的袈裟、滴水之后，便在佛寺里生活学习。

赕“帕杆厅”——送温暖　“帕杆厅”，即僧侣们挡风御寒的袈裟。人们积极地赕“帕杆厅”，为僧侣们送来了温暖。

赕“帕杆厅”活动有普遍性也有特殊性，有集体和专项不等。一般的赕活动中都会有人赕“帕杆厅”，集体性的赕“帕杆厅”则由信徒们共同筹款，统一购买布料，举行隆重仪式后赕予佛寺，由佛寺为每一位僧侣量身定做袈裟。

在傣族人的心里，“帕杆厅”是神圣不可侵犯的圣物，具有至高无上的地位，如在路边的树，特别是榕树、菩提树上一旦披上“帕杆厅”，就没有人敢去砍伐，从而起到了保护生态的作用。

赕“沙腊”——造福人间　在西双版纳的村前寨后、路边桥头、佛寺、佛塔周边，我们都可以看到各式各样的“沙腊”（傣语，即路边的亭子）。随着傣族生活水平的提高，传统木质结构的“沙腊”建筑已变成了砖混结构，屋顶盖上琉璃瓦。“沙腊”修建所需的物资全由人们自愿地、诚心诚意地赕而获得，赕得大而多的就修得好一些，赕得一般的就修建得普通一些。赕“沙腊”由佛寺发展到民间，延续了赕佛、赕佛经、赕佛塔的传统和风格。“沙腊”竣工后，要举行隆重的滴水仪式，赕主也因此获得福运。

赕“苏玛波咪”——感恩父母　“苏玛”，傣语表“请安”。“波咪”，意即“父母亲”。赕“苏玛波咪”是对父母亲的感恩与敬孝，并渴望得到父母亲的赐福，以保来年平安如意，心想事成。

布施法会

傣族的关门节也是子女赕“苏玛波咪”的特殊日子，即“感恩节”。赕“苏玛波咪”时，子女们要在父母面前下跪，双手合十，听候父母亲的赐福。若父母已去世，可以对家族中的长者或村里德高望重的长者进行“苏玛”。人们不断地进行“苏玛”，故傣族村寨里永远不会出现无人照顾的老人，久而久之，形成了一种特别的孝文化。

还俗仪式

赕“苏玛波咪”也需要滴水才算圆满结束，不同的是，这里的滴水分对象来进行，第一天为自己的赕，为父母亲、为去世的人而滴水；第二天为屠户或曾宰杀牲畜的人去滴水，以祈求神灵对自己的行为宽恕。

赕“苏玛波咪”的传承与发展，促使傣族形成了一个谦恭礼让、互敬互爱、团结友善、懂得感恩的民族，促进了傣族社会的和谐发展。

总之，赕文化在傣族社会里无处不在，内容丰富多彩，赕的精神已深入人心，人们对赕的尊重，传承与发展，已成为一种和谐的、和合的、和美的、文明的人类文化。

神秘的“竜林”文化

走进傣族村寨，放眼望去，村后一片茂密的原始森林，村中一座座傣家竹楼林立于热带雨林里，村前绿水荡漾，风景优美，正是“密林深处是傣家”。

掩映在森林中的傣家村寨

自古以来，傣族对森林极为重视，如傣族谚语：“森林是父亲，大地是母亲，天地间谷子至高无上。”“大地是森林的母亲，树木是青山的生命”；“森林是大地之肺，大地是万物之母”；“大象跟着森林走，气候跟着竹子走，傣族跟着流水走”等，贴切地反映了森林的重要性，也说明了傣族对森林的崇拜。

“有山林、有水、有平坝”是傣族选择村寨居住地的必备要素。山林能涵养水源，平坝能开垦良田，造福人类，这是傣族长期与自然相处所形成的习俗，进而造就了依山傍水、森林笼罩的傣族村寨。

傣族通常把坐落于村寨背后，居高临下，犹如神一般在保护村寨的原始森林称为“竜林”，或称“寨神林”“勐神林”，即每个村寨、每个勐都有自己的“竜林”。长期以来，傣族对竜林的尊重与崇拜，形成了一种独特的竜林文化及生态观念。

勐腊原始森林

“竜林”——森林崇拜和祖先崇拜的复合体

竜林文化的形成与发展，承载了不同时代背景的文化，每一个时代都赋予了“竜林”特殊而神圣的意义。傣族祖先认为自然界的一山一水、一草一木都像人一样有生命，有灵魂，正如谚语所说的“山有山神，树有树神，林有护林神”。

傣族古歌谣“大火烧天”也唱道：

森林起大风，风紧呼呼叫，小树两边倒，大树在摇晃，山中冒青烟，烟处起大火，狂风把火卷，卷进大森林，气势如洪水……人跑不过火，被烧死很多，烧烂皮，烧碎骨，死者像焦炭，认不出是谁，大火烧不停，烧了一百天，大火才熄灭，大地变黑土，可怜人类啊，几乎要绝灭。

“洪水泛滥”中又唱道：

大火才熄灭，山崩地炸裂，雷把天击破，天破大雨落，雨点粗又大，下了一百天，洪水滚滚来，岩石被冲散，大树被冲倒，森林被淹没，大地水汪汪，一片白茫茫，只有一座高山，山顶露水面，跑上山顶的人，才留一条命，跑不脱的人和畜，一齐死在大水里……又是一百天，大水才退去，高山变成平地，平地变成河滩，人类遭浩劫，活下的不多，古人历史上，两次遭悲惨，一次火烧天，一次水泛滥，后人不忘记，永远记心间。

这两首古歌谣反映了傣族先民最早是居住在原始森林里，后来不幸遭到浩劫，种族几乎灭绝，但幸存的人们对森林里的生活却一直念念不忘。

《沙都加罗》还记载：“天下刮冷风，下着像白树叶一样的雨，大人小孩聚在山洞里，老人饿着肚皮，小孩哭着要吃奶，野果已摘完，野菜已被埋在地里，人类已无法生存，只好等着饿死冷死。”这反映了傣族先民在采集时代所面临的生活困境。据说，采集狩猎时代，人们以打猎获取食物为生，过着穴居、巢居的流动性生活。哪片森林有动物，就到哪片森林去，人们在迁移的过程中，分散各地，茂密的热带雨林也成为他们的首选。分散的人群失去了首领，出现“多首领多猎王”的现象，各部落相互争抢食物，相互残杀。直到英雄人物桑木底出现，才拯救了受苦受难的傣族先民，成为农耕初期的部落联盟首领。后来，桑木底受到蜜蜂造蜂窝、针织鸟造窝巢的启发，带领傣族人建造房屋。进入农耕时代后，傣族仍然崇敬与依赖森林。

村寨竹林

在傣族社会中，第一位建寨的长者或首领多被尊为寨神，最早来建勐的首领或有功于地方的英雄则被尊为勐神，即“家长死了当家神，寨长死了当寨神，地方首领死了当勐神”。随着神灵崇拜（祖先崇拜）的出现，森林崇拜与祖先崇拜相融合，形成了一种依托森林崇拜祖先的文化现象。傣族为了保护森林，通常把勐一级水源林敬奉为“竜社勐”，即“勐神林”；村社一级的水源林，敬奉为“竜社曼”，即“寨神林”或竜林。傣族村寨后面的森林（竜林）是寨神勐神居住的地方，神圣不可侵犯，相当于一个封闭式的自然保护区。即使是竜林里的花草树木都属于神物，有祖先的庇护，任何人都不得砍伐、开垦和狩猎等，落地的枯枝树叶不能拾起当柴火，成熟的果子也不能采食。在西双版纳、德宏等地区，每年要以猪牛祭祀竜林两次，或

知识链接 **《巴塔麻嘎捧尚罗》**又名“南师巴塔麻嘎帕萨傣”，傣族创世史诗。内容包括开天辟地、天地形成、众天神诞生、绿蛇与人的传说、神火毁地球、捧尚罗、万物诞生、人类形成、葫芦人的传说、谷子诞生、神制定年月日、“贺掌”的由来、人类大兴旺及迁徙篇等，其所反映的年代大致可分为“英叭”神话时代、人类形成的传说时代和进入人类社会后相关的各种活动的时代。其内容包罗万象，既是一部傣族古代神话大全，也是一部傣族文化史，具有较高的学术研究价值。

傣家竹楼（壁画）

三年大祭一次，以祈求寨神勐神保佑村民人畜平安。祭祀寨神勐神时，妇女、佛爷、和尚不得参与。除每年祭祀时间外，竜林是一个非常宁静的生存空间。

傣族崇拜竜林具有全民性、地域性、农业性、宗法性等特点。随着时代的发展，祭祀竜林渐渐成为一种习俗，世代相传。源于傣族对森林、对祖先崇拜的竜林文化，是傣族文化的根和魂，作为一种精神力量，它承载着丰富多彩的傣族文化。

“竜林”——人与自然和谐发展

竜林文化，反映了傣族人与自然和谐相处的淳朴生态观，具有重要的实际价值。在西双版纳，各村寨各勐都有专属的竜林，据不完全统计，这些竜林总面积大约150万亩，约占全州国家自然保护区面积的三分之一。拥有如此规模的竜林面积，主要得益于傣族对竜林的崇拜。为此，很多学者对竜林文化作了全面而深入的研究，其中以高立士先生的研究最具代表性，主要体现在以下几个方面：

傣家竹楼庭园林

万亩茶园

一、竜林是傣族传统的自然保护区。从植被特征、物种组成等方面看，竜林与非竜林的原始森林（今天的自然保护区）并没有什么差别，只是竜林受到人们的崇拜。千百年来，傣族崇拜竜林，他们像保护自己祖先一样保护竜林，自觉遵守禁忌，人为严格保护下的竜林，保持了生态的稳定性与动态平衡性。

二、竜林是植物多样性的保护之地。茂密的竜林，生长着大量的珍贵稀少植物，如属于干性季节性雨林的大药树、龙果树；第三纪古热带区系成分的大叶木兰、天料木、苞叶木、假海桐等；西双版纳特有植物景洪暗罗、勐仑琼楠、云南厚壳桂、滇谷木等。……竜林中这些珍贵稀少的植物不仅为科学研究提供了重要的依据，而且在经济方面也有重要的价值。

▲ 佛寺园林

三、竜林是动物栖息繁衍的家园。竜林内的一切动物都是神圣不可侵犯的，飞禽走兽被认为是祖先饲养的家禽家畜，不得猎杀。人们长期遵守竜林禁忌，使得各种鸟兽在竜林里安家落户，繁衍后代。

四、竜林可挡风防火、防寒流、防泥石流及防滑坡。处在村落背靠的大山上，以分水岭为界的竜林是一片茂密的原始森林，林中树木遮天蔽日，根深蒂固，大风遇到竜林要减速，寒流遇到竜林要升温，火灾、泥石流、滑坡不容易在竜林里发生。可见，竜林是预防天灾的自然屏障，亦是傣族村落的守护神。

五、竜林可调节温度，保持湿度，净化空气。

六、竜林可保土保水，促进傣族传统农业生态系统良性循环。

傣族传统农业生态系统由竜林—坟林—佛寺园林—竹楼庭园林—人工薪炭林—经济植物种植园林—菜园—鱼塘—水稻田组成，其中，竜林在整个农业生态系统中，地理位置最高，占地面积最大，功能最多。

◀ 傣家鱼塘

村寨古树

总之，时空在转变，但傣族对竜林的崇拜依旧。改革开放以来，一些傣族同胞还专程回到云南傣族地区参加祭祀竜林活动，认祖归宗，这正好体现了傣族祭祀竜林全民性的特点。竜林文化的传承与发展凝聚了傣家人的力量，拉近了傣家儿女们的心，共促民族团结，使人与人之间和睦相处，和谐发展。

拴线系魂——傣家深情的寄托

今天是圣洁的日子，是吉祥之日。南方部落拴人线，北方的部落系动物之魂；东部的人拴船线，西方的人系马之魂。做生意的人在今天摆神坛，种田的人在今天播种；打铁的要拜铁神，种地的要拜地神。山有山神，水有水鬼，林有林主，物有物神。东西南北中，山林江河水；各路的神仙，各路的鬼神，请接受我的祭祀。山神，水鬼是哪路的鬼，哪一路的神？请给我这病人手下留情，宽宏大量，释放其灵魂，让其灵魂得以安然回归附体。魂兮归来，魂兮归来，魂沉入水底沉浮，魂掉进深渊也必须回来。鬼魂勾去也必须返，鬼魂引诱也必须识途……人的魂必须复回心灵，肝的魂要回到肝脏……手指、脚趾、喉咙，肺部、筋部、头部，各个组织，各个器官的魂都需要复原。三十二种魂要回到身上，九十二个部位的魂必须附体……

知识链接 **波章** 傣语，指负责信徒事务的宗教职业者。

这是一段波章给病人拴线系魂的念词。傣族认为，人的灵魂是由若干个魂和若干部分组成的灵魂团队，人体共有124个灵魂，各部位均有自己的灵魂，肉体有肉体的灵魂，外部有外部的灵魂。人生病，是因为外部的灵魂或内部结构的灵魂出了问题，所以，要灵魂复原就必须拴线系魂。显然，拴线系魂最初的目的是治病，是为了满足人们治病的心理需求。傣族还认为，人在魂无之时必须医治，必须招魂，必须拴线系魂，否则后果不堪设想。他们的魂要么被鬼魂勾引过去，要么脱离其身迷失方向，要么受到来自各方面惊吓而不敢附体，要么落入深渊溺水失踪等等。人的灵魂是最关键的，只要人魂俱在，就不会有事。因此，对于此类情形，招魂刻不容缓。

“拴线”傣语称“树欢”，直译为拴魂，是傣族传统的民间风俗，也是一种独特的祝福方式。

知识链接 **拴线系魂** 关于拴线系魂来历的传说有很多，其中一则讲道：古时候，有一个穷孩子在王宫里当仆人。一天公主问他：“以后我会嫁给谁？”穷孩子直言不讳地告诉公主：“你会嫁给我的。”公主认为穷孩子是她家的仆人，竟然说出这样的话来侮辱她，很是气愤，于是，拿起一把小刀砍向小仆人的头。许多年过去了，穷孩子历经许多波折，后来成为了另外一个国家的国君。不久，这两国联姻，公主嫁给了穷孩子。当公主发现丈夫头上的伤疤时，悔恨万分，当即向丈夫道歉。为了表达他们之间坚贞、纯洁的爱情，就请老人用洁白的棉线把他俩的手腕拴起来，表示他们已把灵魂拴在一起，永不分离。

傣族的拴线系魂文化是一种古老的文化，起源于万物有灵的原始宗教社会，成熟于巫术社会，并在南传佛教社会定型。远古时期，傣族先民信奉万物皆有灵魂的原始宗教，他们对自然现象缺乏合理的认识和了解，尤其对天体的运行、气候变化的规律、白天黑夜、电闪雷鸣、刮风下雨等这类自然现象缺乏科学的解释。认为除了他们生活的世界以外，还有一种超自然的力量在操控人间，它无比强大，人力无可比拟。在这样的情况下，伴随着原始宗教而出现的巫术文化得到不断成长和成熟，认为这个外力的世界是可以认识的，而且通过与之进行“和谈”，可以化解矛盾、和谐相处。后来，南传上座部佛教逐渐地在傣族地区占据了主导地位，佛教以慈悲为怀，主张和平及尊重他人，尊重各种文化的存在，具有极强的包容思想。它与原始宗教文化、巫术文化相互尊重、相互交流和相互渗透，不断地进行交织和交融，最终形成了傣族特有的本土文化。佛教在本土化的过程中将拴线系魂的整个环节不断地进行充实和完善，并将其引向神秘化，生动形象地解释了魂魄世界，渗透到了傣族生活的各个领域，超越了治病范畴，也超出了地区领域和本民族范畴。因此，傣族的拴线系魂文化是由原始宗教文化、巫术文化和佛教等文化不断交融演化而成的。

傣族喜欢用自己纺织的白线、红线挽绕在人的左右手腕上，他们拴线系魂的范围广泛，不同的场合有不同的内容；不同的用意用不同的线。拴线系魂所用的线，被视为“圣线”，象征着人的灵魂，并通过“圣线”挽绕手腕的方式，象征拴住人的灵魂，让附在人体的灵魂与人的身体魂紧紧地拴在一起。

拴了线的新郎新娘

总体来说，拴线系魂分为日常生活中的拴线系魂、佛门中的拴线系魂和节日庆典中的拴线系魂等。

日常生活中的拴线系魂有治病、消灾解难、久别重逢、小孩满月取名、结婚、贺新房、办丧事、出门与归来等。如小孩满月时，傣族都要举行隆重的拴线仪式，用拴线礼迎接生命的诞生，并宴请亲朋好友共同庆贺祝福。庆祝时桌子上放有鸡蛋、钱币、笔墨、纸张等，鸡蛋和钱币表示希望孩子以后丰衣足食，生活富裕；笔墨和纸张表示祝愿孩子长大后博学多识，才华横溢，并请有威望的老人为孩子拴线，洁白的棉线象征幸福美好，吉祥如意。婚礼之日，傣族也拴线庆贺，这时的绵绵白线，象征拴住彼此相思的魂魄和相爱的心灵。

傣族佛门中流行的“吉祥结”也是系魂线。傣族认为人生病

祈福

是因为魂魄脆弱、弱化所导致，病人要康复就得养魂，慰藉灵魂。要拴住灵魂，让魂魄和人体和谐相处，就要在手上系白线，这样病才会好，魂魄才会强化，人也才会健康。南传佛教吸纳了这种拴线系魂文化，所以，凡到佛门拜佛，住持会给前来拜佛的人赠送一种套在手腕上的“吉祥结”，这种“吉祥结”用锦纶丝编织而成，具有吉祥、驱邪避鬼的意义。因此，“吉祥结”也成为了系魂线，成为了傣族拴线系魂的重要组成部分。

傣族在节日庆典活动中也有拴线系魂的习俗，如泼水节、“毫瓦萨”（即入夏节）、“奥瓦萨”（即除夏节）和各种赕节。这种拴线系魂文化促进了傣族与其他各民族的交流与融合，使他们的节日文化日渐趋同，形成了“你中有我，我中有你”的局面。

另外，傣族村落也要用圣线维系起来。傣族的群体意识很强，他们崇尚“幌低来，呆低烟”（傣语，意为生在群体中，死在群体之下）的思想，这种思想一直维系着他们聚族而居，成为了维系他们相互关系的有力纽带。傣

拴线保护竜林

族村落由血缘家族、氏族亲缘系统、宗缘世袭和地缘关系组合而成，它是历史发展的产物。所以，在傣族村落里，无论你走到哪一个角落，都很难发现单门独户的傣家人。与此同时，傣族认为村落也有灵魂，用圣线把村落维系起来，能系住村落和人畜的灵魂，能得到神灵的庇佑，确保全村的人畜平安。这种用圣线给村落系魂的习俗，也是拴线系魂治病文化的延伸和发展。

拴线系魂没有时间和季节的限制，只要需要随时可进行。因此，随着时间的推移，拴线系魂演化为傣族不可或缺的重要文化，渗入了他们的骨髓当中，并随社会的发展而发展，并且拴线系魂也有着丰富的内涵和深刻的意义。

多元宗教和谐相处

早期，傣族信仰原始宗教，万物有灵的观念深入人心。后来，受外来文化及各种因素的影响，傣族在信仰原始宗教的基础上主要信仰南传上座部佛教，也有部分人信仰基督教。

在傣族地区，可以看到“既拜佛又祭神”、信仰基督教又有原始宗教遗迹等多元宗教并存、和谐的现象。原始宗教对各种神的祭拜，直接保护了生态环境，而佛教文化中的赕，让人们懂得了分享、施舍、助人为乐、行善积德。基督教，曾给部分傣族带来了福音，伊斯兰教传承发展了穆斯林文化，也兼容了傣族文化。

曼迈龙村寨心

知识链接 **寨心** 傣语称作“宰曼”，意即寨子的中心或心脏。自桑木底时代开始，傣族就有建寨先立寨心，建勐先立勐心之说，故建新寨或迁寨址，必须先立寨心，然后才能建盖房屋。寨心多位于村寨的中央，其形状过去多用木桩或石块表示，现多用水泥砌成，其形状各异，村社神（或寨神）即供奉于此，它是傣族最早的原始崇拜之一。一般情况下，祭祀寨神一年一次，由召曼主持，全村人共同参加。其目的一是清除寨中的污秽、祸祟和鬼魔；二是护佑村寨，以保村社五谷丰登，兴旺发达。

原始宗教与南传上座部佛教相互包容

傣族万物有灵的宗教信仰曾长期影响着傣族的生产生活，在一定程度上满足了傣族心理及精神上的需求。随着南传上座部佛教传入傣族地区，原始宗教由最初的排斥与抵制，逐渐发展到与佛教相互接纳、相互包容，最后和谐发展，从而进一步丰富了傣族的精神文化。

傣文古籍《谈寨神勐神的由来》记载：正当傣族先民在桑木底神的保佑下，年年风调雨顺、人欢畜旺的时候，村外来了一个披着黄袈裟，手拿纸扇，身背土龛的怪老头，自称是帕召（即佛陀）派来的和尚，说要给人类授佛。可是，还未靠近寨子便被人们捉来质问：“你是哪路来的货物，竟敢窜进我们的森林？”怪老头忙低头哈腰：“我是野和尚，不让我进寨子，就让我住在野外吧。”这说明佛教刚传入傣族地区时，曾受到原始宗教的抵制。

佛诞节

傣族的原始宗教没有统一的神，而是万物有灵，寨有寨神，勐有勐神，各神只能管辖自己的势力范围，不能互相侵犯，不能相互指挥，没有严格的戒律，

大勐龙笋塔

人类为了生存，可以杀牲。但佛教统一信佛拜佛，一切都要按照佛的旨意办事，有严格的戒律，反对杀生，认为善有善报，恶有恶果，提倡“禁欲”或少欲。加之原始宗教昌盛时代，首领和负责祭祀活动的祭司具有不可侵犯的政治权力和较高的社会地位，为了保存政治权力、社会地位和某些物质利益，他们绝不轻易让佛教传播，因此，最初的原始宗教与南传上座部佛教都坚持自己的主张，处于相互争斗的状态中。最终，南传上座部佛教做出了让步和妥协，我们从流传于西双版纳的《谷魂奶奶》及德宏、临沧、保山和缅甸地区的《谷魂爷爷》的传说中便可窥视一斑。

相传，有一天佛祖正在讲经，谷魂奶奶闯了进去，高大的身躯挡住了众弟子的视线，佛祖问她是谁？她昂首挺胸说，我是谷魂奶奶，大地没有我，人们就难以生存。众弟子一怒便把她赶了

佛塔

知识链接 **《谷魂爷爷》**传说，众神仙为了摆脱苦难，聚集佛寺听佛祖讲经，他们纷纷向佛祖磕头跪拜，唯有谷魂爷爷利叭嘎不拜佛祖，还跟佛祖争高下，并对佛祖说谷魂才是最高的王。佛祖反驳说自己才是人鬼神的至尊王，讲经行善，训化众生。谷魂一气之下，远走高飞。后来，人们赕到佛寺里的食物没有什么味道，佛寺里不再香火不断。佛祖这才承认谷魂是神圣的神灵，于是亲自去请回谷魂。谷魂赐给佛祖十万二千三百六十粒谷种，佛祖带着谷种返回人间，人间顿时生机盎然。为了感恩谷魂，寺内的供品由谷魂与佛祖共享。

出去。这下坏了，大地赤地千里，万物凋谢，稻谷不生，把佛祖也饿昏了。后来佛祖找到谷魂奶奶，向她道歉，请她回到大地，谷物又丰收了。佛祖对人们说："谷魂的功劳确实比我大，谷魂的福气确实比我多，大伙儿都要向她顶礼膜拜！"

《谷魂奶奶》与《谷魂爷爷》的传说大同小异，但都生动、逼真地反映了佛教与傣族原始宗教相互排斥、相互磨合、相互宽容的事实。

大约在公元7世纪末8世纪初，傣族统治者渐渐放弃了原始宗教，利用佛教统一民族精神，佛教在西双版纳、德宏、孟连、景谷、双江等傣族地区逐渐传开，建立了众多的佛寺，引进大量的佛经，佛教成为傣族的主要精神支柱和共同信仰。"村村有佛寺，寨寨有僧侣，佛经如山，佛塔如林，朝佛诵经活动终年不绝。"正是南传上座部佛教在傣族地区盛行的标志。

可见，南传上座部佛教传入傣族地区时，不能马上被信仰原始宗教的傣族所接受，而是经过了多次传入，多次斗争，多次磨合，到了公元13世纪以后，傣族已普遍信仰南传上座部佛教。

佛教盛行后，做出了相应的让步和调整，采纳了傣族原始宗教的某些主张，允许在佛寺的大殿外设立原始宗教的神（俗称"丢瓦拉"），允许人们拜完佛之后祭祀原始宗教的神。所以，傣族依然保留原始宗教驱鬼、占卜、巫医、诅咒、挂门符和戴护身符等巫术活动，形成了一种"既拜佛又祭神"的双重宗教信仰习俗，从而促使佛教节日傣族化，民间习俗佛教化。例如，关门节和开门节，原来只是佛教传授佛法的节日，但后来却演变成了传统的民间节日。佛教在佛寺周围种植菩提树，就是借鉴了傣族"建寨要在寨边植树，修路要在路边植树"的习俗。此外，佛教僧侣还兼做原始宗教的活动，如主持仪式、为亡灵引路、超度

知识链接 **达寮** 傣语，意即神器。其形是用竹篾编成的六方孔的网状体，由通神的巫师编制而成。达寮可分为大达寮、小达寮、链子达寮和草绳达寮等，常用于祭寨神勐神、祭勐心寨心，野外祭祀水神、田神、谷神，以及新房落成、人畜生病、丧葬祭事等场合，具有驱鬼除邪之功效。

挂在门上用于避邪的"达寮"

等。总之，原始宗教与南传佛上座部佛教相遇后，始终“你中有我，我中有你”地传承与发展。

信仰基督教的傣族

20世纪初（1917年），美国长老会传教士从泰国北部来到西双版纳地区，并在今西双版纳州首府景洪市建立了教会，基督教由此传入傣族地区。元江、新平等地区也有部分傣族信仰基督教，传教士多为美、法、英、德等国人。

据说，历史上接受基督教信仰的傣族有两种人，一种是被驱逐出村外的罹患麻风病等传染性疾病的人，另一种是被诬为“披巴鬼”（或琵琶鬼）附身而被赶出村的人。“披巴”在傣族观念中认为此鬼最恶，被附身的人会给村寨带来疾病和祸患。因此，轻则赶出村寨，重则用火烧死。此种愚昧行为，在当时是无人敢出而制止的。

傣族的家庭与家庭、村寨与村寨、勐与勐之间分得很清楚，内部是洁净而美好的，外部就是危险和不洁的。因此，被赶出村寨的人就是外人，属陌生人，不再是村寨的人，无人敢接纳他们，但却被美国传教士收留，并为他们治疗，传福音。这些群体的信仰也由原来信仰佛教改为信仰基督教，经过洗礼成为基督徒。特别是信徒们认为麻风病的痊愈、经济条件的改善等都是基督教信仰所带来的好处，使他们绝处逢生，看到了生活的希望。

今天的西双版纳曼允村、曼纳列村和曼响村是信仰基督教的三个村寨，信徒千余人。每周日他们都要集中到教堂做礼拜，在

景洪曼允基督教堂

傣族牧师主持下，诵读《圣经》。在这三个村寨中，房屋上、门上或者房屋里都会有十字架标志。在日常交往中，他们会与其他村寨“打老庚”（即交朋友），但保持一定的距离。凡是需要佛教的地方，他们都以基督教的形式代替，或者取消。按传统，傣族上新房需要请僧人参与，但他们却请教会的负责人和信徒到家中祷告。到其他村寨去做客，也从不参与赕佛活动。基督徒不能吃血，他们的亲戚朋友也能理解，宴席上绝不上傣族宴席上最主要的两道菜——百旺和剁生。此外，信仰基督的傣族群众只过复活节和圣诞节，不过泼水节（傣历新年）、关门节和开门节。每年12月25日的圣诞节，信仰基督教的傣族群众，都要举行隆重的赕“钦沙玛”（傣语，即基督教圣诞节的一种赕），附近的傣族都会参与，共同庆祝，热闹非凡。但一年一度的赕“钦沙玛”存有赕佛的痕迹，赕期为三天，此期间人们所准备的赕品，盛赕品所用的器具、扎纸花装饰赕品、贴成排状的赕钱等与赕佛没有任何区别。

知识链接 **赕“钦沙玛”** 赕期为三天，12月23日，是准备的日子，人们要准备圣诞树、圣诞老人画像、金树银树、水果、点心等各式各样的礼品，并清清楚楚地写上自己的姓名。礼品有子女赕给父母的，也有父母赕给子女的。24日平安夜，主人要请亲朋好友、信徒等来共同享受盛宴，前来的客人不搭赕也不参赕，只表示祝贺。25日举行盛大的庆祝活动，并把赕品都送到教堂，赕“钦沙玛”所得的赕品除钞票归教堂所有外，其余赕给社会上的人。这一天，凡参加活动的人都有免费的午餐。信徒们通过赕“钦沙玛”表达了对基督教的敬意和善意，是一种向社会施舍的善举。

信仰伊斯兰教的“回傣”

说到伊斯兰教，人们第一时间都会想到回族，但到了云南西双版纳勐海县的曼峦回、曼赛回两个村寨，却可以看到“外傣内回”两重寨门的建筑风格。

“回傣”又称“帕西傣”，“帕西”傣语意为“税”或“回族”。他们是“生活上傣族化的回族”，又或许是傣族与回族相互通婚后形成的兼具“回族”与“傣族”文化特征的民族。

关于曼峦回、曼赛回两个村寨的历史，据《勐海县志·民族卷》称：本县回族系13世纪中叶随元世祖忽必烈入滇之回回军和

▲
曼峦回清真寺

随赛典赤来滇的回回军人、商人之后裔……

曼峦回帕西傣保留的书籍上记载：傣历1188年（1862），大理回族商人马哥头、马海青、马青龙运盐至曼降，见平坝宽广肥沃，即请傣族头人帕雅捧岱至勐海城子向土司献盐三驮，要求在勐海建寨定居。土司收下礼物，令马氏在今曼峦回址建寨。马哥头与傣族头人之女玉温玛成婚，生下四男二女，一直遵守穆斯林教规。这说明回族与傣族通婚后主要信仰伊斯兰教。

回傣的祖先在傣族地区定居后，面对强大的傣族文化圈，为了生存，他们既不能全盘接受傣族文化，也不能完全抵制傣族文化。于是，他们以通婚的方式延续族群，与傣族女子结婚后，把回族的风俗教给了妻儿，傣族女子也把傣族文化带入了回傣村

知识链接

“伊斯科特” 即现金，又称“赎罪金”，用钱替亡人赎罪、赎斋拜。

“者那则” 一种“站拜”仪式，是回傣葬礼中最重要的部分。站礼时，把死者安放在前，由阿訇带领众男性向西面对亡者站立。然后，阿訇念经向真主祈祷，传统念词内容有赞颂真主、穆圣及其家属，并向真主祈求饶恕和恩赐亡故者和所有活着的人。站礼一般不在日出或日落进行。

“进教”仪式 帕西傣男子娶傣族女子，要先在一起生活两三个月，等彼此适应后，才请阿訇来念经，举行入教仪式，请阿訇给新娘取经名。“进教”仪式后，新娘不能再吃非清真饮食，也不能参与任何赕佛活动，必须严格遵守穆斯林风俗习惯。

寨，久而久之，孩子们自然而然地就学会了说傣语，两种不同的宗教文化就此结缘。

随着外来因素的影响，为了避免同化，回傣选择了村内同族通婚。但回傣与傣族的族际通婚仍然存在，他们还通过一些活动与傣族互动，提升自己的社会地位，如利用从大理带来的制革技术制作牛皮底鞋，以用来与傣族换取粮食或布匹；将鞋贡奉给土司，以此免除各种负担；参与景洪宣慰使与勐海召勐的战争等。后来，帕西傣认识到了近亲通婚的弊端，便再次大量与傣族通婚。但严格遵循“只进不出”的原则（即傣族女子嫁入回傣村寨，婚后帕西傣男子不到女方家居住，但傣族男子娶帕西傣女子后必须入赘到帕西傣村寨），嫁入或入赘的傣族，通过“进教”仪式，成为穆斯林的一个成员，并遵循穆斯林教规。

帕西傣文化正是回族与傣族两种文化精神的相互影响，相互融合。既不是完全的“回”，也不是“傣”的“回傣”，并非完全的“伊斯兰化”，而是“回傣化”，两种民族相遇，习俗相融合，进而形成了介于二者之间的文化。

这种宗教上信仰伊斯兰教，生活中回傣化的独特民族文化是傣族佛教文化与伊斯兰教文化相互包容、相互融合的结果。伊斯兰教与南传上座部佛教相遇后，一直在互动与交流，给予了回傣极大的生存空间，促进了回傣文化的传承与发展，也促进了多元宗教文化的和谐发展。

第四章 民间文化绽放异彩

“大象跟着森林走，气候跟着竹子走，傣族跟着流水走”；“有林就有水，有水就有稻，有稻就有傣家人”，这些谚语生动贴切地反映了傣族的社会生活环境。傣族是一个有着悠久历史文化传统的民族，自古滨水而居，是最早种植水稻的民族之一。在长期的生产生活实践中，他们用自己的聪明才智创造了丰富多彩、博大精深的傣族文化，诸如稻作文化、贝叶文化、语言文化、文学艺术、干栏文化、医药文化、生态文化、赞哈文化、水文化、茶文化、赕文化……这些独具魅力的文化，吸收了中原华夏文化、印度文化和东南亚土著文化等多种文化的精华，形成了一种开放型的，呈多样性和多元性的文化特质，充满着包容、和美及和谐的思想。

傣语、傣文与书法艺术

傣绷文

金平傣文

傣语

傣语属汉藏语系壮侗语族（或称“侗台语族”）壮傣语支（或称“台语支”），与我国的壮语、布依语、侗语、水语、仫佬语、毛南语、黎语以及泰国的泰语，老挝的老语，缅甸的掸语，越南的傣语（岱语）、侬语、土族语等都是亲属语言。

我国傣语，根据各地的语音和词汇的异同情况，可按传统分为西双版纳和德宏两大方言。德宏方言使用人口最多、分布最广，共约54万人。其中，云南德宏傣族景颇族自治州有28万余人使用；思茅、临沧、保山等地区约有26万人。西双版纳方言分布于云南西双版纳傣族自治州，江城哈尼族彝族自治县的部分傣族也使用此方言，使用人口大约有28万人。

傣文

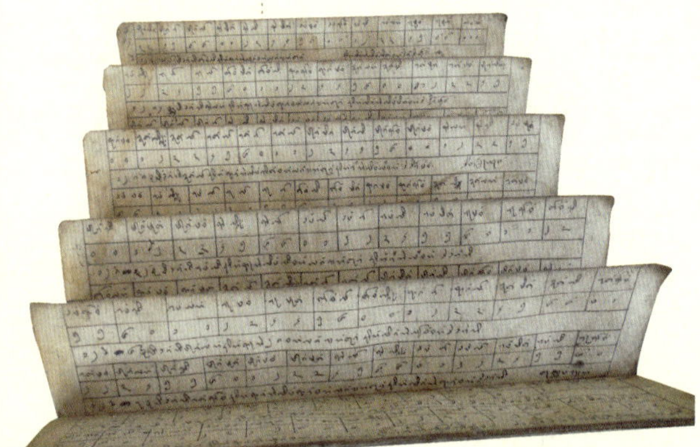

德宏傣文

傣族有自己的文字。傣文主要有西双版纳傣文（又称傣泐文，字母呈圆形）、德宏傣文（又称傣那文，字母呈长方形）、金平傣文（又称傣端文，字母形状方圆兼备）和傣绷文（字母呈圆形）四种。傣泐文主要在西双版纳等地区使用；傣那文主要在德宏、耿马、景谷、沧源、镇康、双江、孟连等地使用；傣绷文主要在瑞丽、耿马的部分地区使用；傣端文主要在金平使用。此四种文字皆属拼音文字中的音位文字，有的则随着南传上座部佛教的传入而产生，字母形体从婆罗米字母演化而来，与孟文、缅文、老挝文、泰文等同属一个体系。新中国建立后，根据本民族的意愿，对傣泐文和傣那文进行了改革，形成了新傣文。因此，傣文又分老傣文（亦称古傣文）

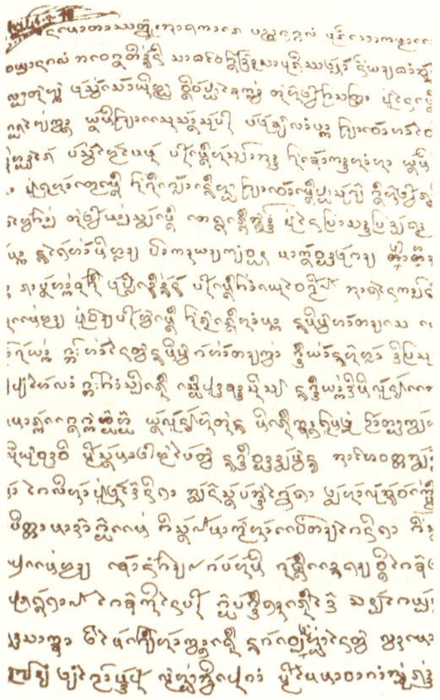

西双版纳
老傣文

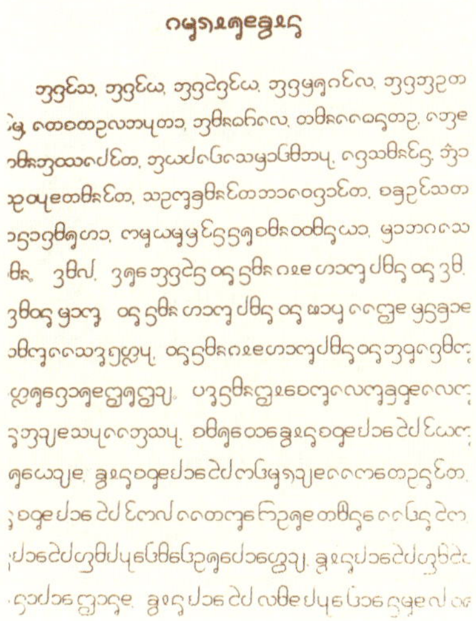

西双版纳
新傣文

和新傣文。

四种傣文中，以傣泐文的历史最为悠久，所保存的历史文献和文化古籍最多。在国外，使用这种文字的还有缅甸掸邦的“傣痕”、泰国北部的“傣允”和老挝境内自称“傣”的居民，这些地区的傣泰民族都把这种文字称为“经书文字”。

傣泐文的创制年代目前尚无定论，一般认为开始于13世纪，此说有傣文文献《多拉维梯》等为证，该书记载：傣泐文始用于傣历638年（1277）。但也有专家认为其创制的年代应在公元6—8世纪，理由有三：一是此时正值傣族社会进入繁荣发展的高峰时期；二是佛教传入西双版纳傣族地区的时间大约为公元6—8世纪；三是公元638年为傣历纪元的起始年。这两种观点均有较强的说服力，但如果结合汉文史籍《经世大典·招捕总录》中记载的与西双版纳有着密切关系的八百媳妇国（古兰那地区，今泰国清迈等地）至少在1314年前后已使用白夷字（即傣文），泰国境内迄今为止发现的最古老的于佛历1919年（1376）用兰那文刻写的碑文，以及泰国泰文创制于1283年来看，我们可以初步做出这样的推断：傣泐文的创制时间，其上限大约为公元6—8世纪，其下限在13世纪左右，此时傣泐文已在西双版纳地区广泛流行。而傣泐文最初仅用于宗教活动，后来才逐渐传入民间普遍使用。但在孟连、双江、耿马、镇康、景谷、澜沧、沧源等地区，至今依然只作为寺院中使用的经典文字，日常所使用的文字多为傣那文。

傣那文的历史也极为久远，其创制的时间有公元10世纪和公元14世纪左右两种说法，具体年代尚需考证。明初钱古训、李思聪所著《百夷传》记载有滇西傣族“小事刻竹木，大事作缅书，皆旁行为记”的情况。这里的“缅文”即傣那文，说明明代以前德宏傣族早已有自己的文字。至于傣绷文和傣端文，其历史同样悠久，但这两种文字的创制时间，因资料缺乏，还无法作进一步的考证。

在四种傣文中，傣泐文保存的文献居首位，其次为傣那文，傣绷文和傣端文文献国内较少。文献内容包罗万象，涉及范围广泛，主要有政治历史类、法律道德类、宗教经典类、天文历法类、农田水利类、科技语文类、迷信占卜类、文学唱词类等等。这些珍贵的历史文献，为我们今天研究傣族的文化史、语言史、社会史、文学史等提供了重要的历史资料。

傣语研究现状

较早对傣语进行研究的是李方桂先生，他于20世纪30年代对云南整董傣语进行了调查；罗常培先生则于40年代对云南莲山傣语作过调查，邢公畹先生调查了云南新平县漠沙乡的傣语，之

纸质傣文资料

后他们陆续发表了许多与傣语相关的论著。在2008年出版的《罗常培文集》第四卷中，邢公畹先生做出了这样的评价：“中国的文字、音韵、训诂之学，研究者按其内部发展规律突破藩篱，加之以有益的外因，演化为语言科学的中国方面。在这一场伟大的变革中，莘田先生一直走在前头，是举旗开路的人之一。”《莲山摆彝语文初探》（罗常培、邢公畹合著）一书就是由音韵学研究发展为汉语方言研究，再发展为少数民族语言研究的脚印之一。50年代初，傣语研究专家傅懋绩先生与刀世勋、童玮、刀光强合作的《云南西双版纳允景洪傣语的音位系统》一文的发表，对我国民族语言学界产生了重大影响。

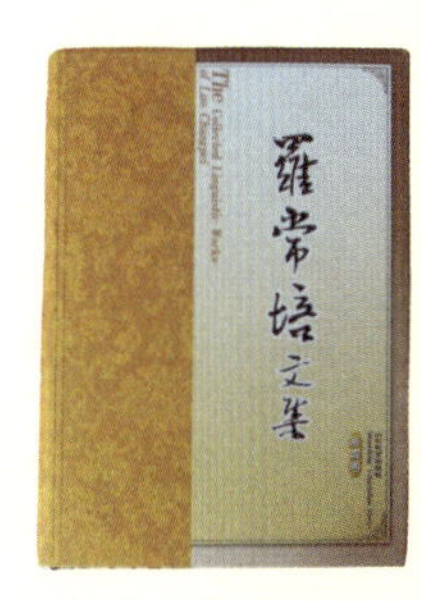

《罗常培文集》书影

进入80年代至今，傣语研究进入了一个崭新的发展阶段。1980年民族出版社出版了喻翠容编著的《傣语简志》一书，该书从方言、语音、词汇、语法、文字等方面对西双版纳傣语和德宏傣语进行了全面论述，是一部研究傣语的重要著作。另一部研究傣语的力作是邢公畹先生所著的《红河上游傣雅语》，内容包括绪论、新平傣雅语的语音系统、语言记录（包括傣雅的风土杂谈、民间故事、传说与歌谣，古代故事傣雅语译）及傣雅汉语例

傣语研究论著

解词典四个部分。此外，还相继出版了《傣语方言研究（语法）》（罗美珍）、《傣语方言研究》（周耀文、罗美珍）、《傣语语法》（巫凌云、杨光远）、《德宏傣语同音词典》（孙宏开）、《傣汉词典》（孟尊贤等）、《汉傣词典》（刀世勋等）、《傣仂汉词典》（喻翠容、罗美珍）等等，而研究傣语的论文更是层出不穷，成果丰硕。这些重要的论著和词典为傣语的深入研究奠定了坚实的基础。

知识链接 近年来，由西双版纳傣族自治州人民政府搜集整理，并翻译出版的《中国贝叶经全集》（100卷），采用了贝叶经影印件、老傣文、国际音标对老傣文之注音、汉字直译、汉语意译、新傣文意译六对照的编排方式，这无疑对保存古傣文资料做出了重大贡献，同时也为推进老傣文的研究提供了一份弥足珍贵的文献资料。

傣文书法艺术

除了傣语研究取得了丰硕成果外，与傣文相关的书法艺术也颇具特色。众所周知，随着傣文的产生，傣文书法也随之开始萌发，其书写工具和材料也由最原始的炭笔——笋叶纸、白泥笔——木板纸发展为近代的铁锥笔——贝叶片、蕨秆笔——构皮纸，直至当代的毛笔、钢笔、机造印刷纸。人们在长期的书法实践中，根据傣文字母的形体结构，先后创造出了六种字体：“多温暖斐”（直译为：风猴栖枝）、“多勒搭毖”（直译为：斑鸠晾翅膀）、“多法顸”（直译为：酸角果）、“多洛谷”（直译为：一种蕨菜花名）、“多麻环折”（意为：马绊绳字）、“多南帘夺”（直译为：流水穿孔字），从而成为傣族公认的独特的艺术风格。而实际上，傣文书法本身就是一个文化内涵极其丰富的隐喻，只要从它的字体命名就可窥见一斑，其中便运用了大量鲜活的隐喻，其喻体均与傣族生存的自然环境和独特的社会文化密切相关。

作为傣族“四大文化能人”之一的傣文书法家，他们是傣文书法艺术的创造者和实践者，不仅拓宽了傣族文化艺术的新领域，而且推动了傣族向文明社会发展。在漫长的开创傣文书法之路的过程中，历代书法家们为傣文书法艺术做出了突出的贡献。新中国成立后，涌现出了一批新时代的傣文书法家，如岩诺、龚肃政、刀新华、岩温胆、刀志达、刀正明等等。他们不仅熟练地掌握新傣文、老傣文，而且还受到了汉文楷书、行书、隶书、草书等优秀艺术的熏陶和影响，成功地创造了“折篾形”“猫闭眼形”“方体形”“叠压形”“鸡爪形”“卷首甩尾形”“金藤绕圈形”“金花吐丝形”等众多流派、风格各异的优秀傣文书体，为继承、发展和繁荣傣文书法艺术做出了自己的贡献。

知识链接 **艾罕炳傣文书法艺术** 艾罕炳先生的傣文书法艺术独树一帜，令人赏心悦目。长期以来，他在潜心研究傣族文化的同时，还致力于傣文书法的研究和创作，通过不断地摸索和实践，发明了适合傣文书法技艺“转笔”。其独具个人风格的书法艺术，填补了西双版纳傣文毛笔书法的空白，无愧为“独辟书径”的傣文书法第一人。其书法作品，形式上挥洒自如，笔走龙蛇，栩栩如生。字体或潇洒俊逸、灵动秀气，或鬼斧神工，挺拔刚劲，或如行云流水，浓淡相宜。正所谓“书道妙在性情，能在形质”，达到了较高的艺术境界。

艾罕炳傣文书法艺术

贝叶文化——中华文化聚宝盆中的绿宝石

在云南丰富多彩的民族文化中，纳西族的东巴文化，彝族的毕摩文化，傣族的贝叶文化，藏族的康巴文化等皆是世上极为珍贵而稀有的文化遗产。其中，傣族的贝叶文化独树一帜，至今仍生生不息，保持着强大的生命力。

贝叶文化，是人们对傣族传统文化的象征性称谓，包括贝叶经、用棉纸书写传抄的经书和广泛存活于民间的傣族传统文化现象。

贝叶文化中最古老、最核心的部分是贝叶经，因记载于贝叶制成的贝叶经本而得名。贝叶经的样式有叶质型和纸质型两种，其中，以叶质型著称，傣语称“坦兰”，既是一种刻写于贝多罗树叶上的佛教经典，也是傣族传统文化的根。纸质型贝叶经是一种棉纸经书，傣语称“薄嘎腊沙”。

一千多年以来，傣族先民用铁笔将文字刻写于贝叶之上，把

西双版纳老傣文（贝叶制作）

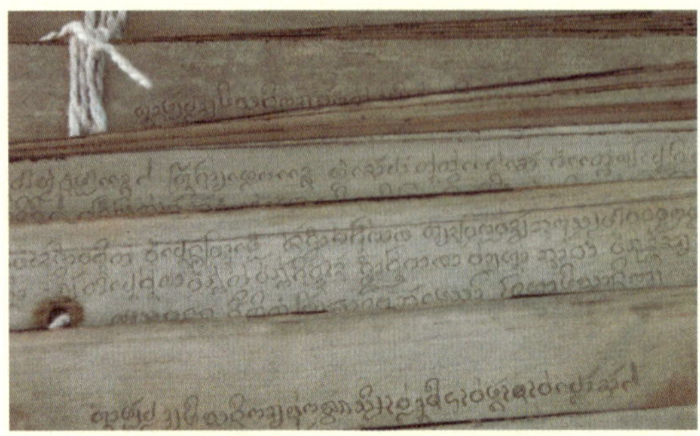

抄写经书的傣族老人

贝叶当作知识、智慧、文明的象征，形成了博大精深的贝叶文化。为此，傣族民间流传着许多动人的传说：很久以前，汉族、傣族和哈尼族一起去取经。汉族带了纸，傣族带了贝叶，哈尼族带了牛皮，他们把佛教经文分别写在纸、贝叶和牛皮上。归途中，由于河水暴涨，汉族带的纸被水浸湿，于是，抄在纸上的经文变成了鸟脚趾形状，成了汉族的象形文字；哈尼族在途中饥饿难耐，于是把牛皮煮吃了，便没有了文字；而傣族

知识链接

坦兰 叶质型贝叶经，用一种用特制的铁笔将文字刻写在经过工艺处理的贝叶之上而成。通常有四种刻写形式：兰戏（四行式贝叶经）、兰哈（五行式贝叶经）、兰贺（六行式贝叶经）和兰别（八行式贝叶经）。记载有大量的佛教经典、傣族民间故事、神话传说等。其中，前三种刻写形式的贝叶经本最为普遍。

薄嘎腊沙 纸质型经书，它的特点是用野蕨秆削成的笔蘸墨将文字书写在棉纸上，有宽面页式和连折叠页式两种规格，其中以宽面页式最为普遍。棉纸经本记载有傣族民间叙事长诗、民间歌谣、情诗、谚语、俗语、格言、谜语以及天文历法、法律法规、医药卫生、生产生活知识、伦理道德等。

带的贝叶既不容易被打湿也不能吃，所以傣族的贝叶文字完整地保留了下来。

这则传说反映了傣族先民对书写材料的不断探索，突出了贝叶的优越性——防水防潮，经久耐用。但傣族采用贝叶作为记录宗教经典的载体并非其首创，而是受到了印度文化的影响，因为贝叶经的故乡在印度，历史上的佛教经典大部分是用贝叶刻写下来。随着南传上座部佛教的传入和佛教文化的深刻影响，傣族在保持本民族原有传统文化的基础之上，吸收了佛教文化、中原文化等外来文化因子，并与自身丰富的民族文化融为一体，逐渐形成了一种独具特色的贝叶文化，因而具有兼容性、开放性、世俗性、普及型和全民性等特征。特别是因翻译佛经的需要，推动了傣族文字的发展和变革，佛教也因之在傣族地区得到深入而广泛的传播。于是，借助贝叶这一文字载体，傣族把用傣文翻译的巴利文佛教经典刻写记录在贝叶之上，其内容也由最初的以佛教经

▲

刻写贝叶

▲

翻译整理出版的贝叶经

典为主，逐渐发展为大量的世俗著作和文学作品等也被纳入傣文佛典当中，这些加入了傣族人民所创造的文化成果，使得丰富的贝叶典籍成为傣族文化的百科全书，是他们千百年来积累起来的知识总汇。

由于贝叶文化历史悠久，源远流长，因此，其内容博大精深，浩如烟海，包罗万象，涵盖佛教经典、哲学历史、政治经济、语言文字、天文历法、宗教信仰、生产生活、民情民俗、文学艺术、法律法规、礼仪章程、牒谱世系、伦理道德、农田水利、医药医典、书画艺术、建筑工艺等诸多方面。它是傣族人民智慧和才华的结晶，体现了傣族人民不屈不挠的思想意识、道德风尚和伟大精神，是中华民族文化中一朵绚丽多彩的奇葩。

关于贝叶文化，黄惠焜教授对其有着深刻的见解，他高度概括了贝叶文化的内涵与特性：

第一，贝叶文化流传面极其广泛，不仅覆盖了西双版纳、德宏以及云南所有傣壮民族地区，而且延伸至整个东南亚及南亚次大陆地区，因此，它是一种“跨国文化”，是一种突破行政区划的地域文化。

第二，“贝叶文化”是一种“中华主流文化”，是构成中华文化总体结构的重要区域民族文化。中华文化主要由北方草原文化、黄河流域文化和长江流域文化整合而成。自越王勾践问鼎中原，对峙群雄之后，开创了“百越文化”与“中原文化”全面整合的大格局，奠定了中华文化的坚实基础。以傣壮民族为主体的百越后裔，承传了当年的百越文化，后来所创造的“贝叶文化”，其核心部分均为古代百越文化的真传。

第三，贝叶文化是一种“功能文化”。它既是一种活着的教育文化，也是一种全民性的应用文化，由家庭、社会和寺庙各个层面综合传习和传承，可以说是历史形态的“国民教育”。

第四，贝叶文化是一种“生态文化”。它植根于热带和亚热带丛林，具有了鲜明的“文化个性”。傣族人民始终热爱自然、敬仰自然，把自然视作自己的生命，因而形成了朴素的自然生态观——保护山林、保护水资源、保护大自然所赐给的一切。不仅保留于贝叶经典中，而且也融化在傣族的思想观念和行为模式中。

第五，贝叶文化是一种“农耕稻作文化”和“中华农业的主流文化”。历史上傣族的稻作文化不仅得到充分发展，而且在西南少数民族中上升到了一个相当高的层次。中国以农立国，农业文化源远流长，形态特异。西双版纳是我国“水稻农业历史博物馆”“百越文化基因库”“贝叶文化保留地”，成为破解“亚细亚生产方式次生形态农村公社”之谜的钥匙。

刻写贝叶

第六，贝叶文化是一种“板块文化”和“大体量文化”。它祖承百越文化而覆盖长江流域及以南地区，它用铁笔将文字刻写于贝叶上，保留有丰富的经典，相传贝叶经典籍就有8.4万部。

第七，贝叶文化是一种“兼容文化”和“开放型文化”，它吸收中原文化、东南亚文化、南亚文化等诸多文化因子，具有多元性、民族性、开放性等特点，是傣族传统农业社会中层次最高的文化成果和精神宝库。

第八，贝叶文化是“一种世俗化了的宗教文化”。它以宗教为核心，把宗教精神和世俗行为准则巧妙地结合起来，形成一种

知识链接 **贝叶文化圈** 云南傣族与泰国的泰族、缅甸的掸族、老挝的老族等都是百越族群的后裔，共同信仰南传上座部佛教，属相同的语系，语言相通，文化相似，其居住地山水相连，在长期的发展进程中，逐渐形成了一个将近亿人的东南亚“贝叶文化圈”。研究、开发和利用贝叶文化，把贝叶文化介绍到全中国乃至世界，这对提升西双版纳的知名度，增强西双版纳旅游的文化含量，促进西双版纳经济社会和文化建设都具有重大而深远的意义。

世俗宗教化和宗教世俗化的特异文化。

第九，贝叶文化既是一种“道德文化”，也是一种“哲理文化”。道德文化是一切少数民族文化的共性，崇尚尊老爱幼，睦亲笃友。而作为“哲理文化”，贝叶文化独得哲理的优势。

第十，贝叶文化是一种“稳定型文化”，是一种“可持续型文化”。一直以来，贝叶文化兼收并蓄，它的稳定性和宽容性，促进了民族之间的团结与稳定。

贝叶文化作为傣族文化的象征，在面对知识经济全球化的今天，也面临着资源研究开发的资金投入和人力资源投入的不足、缺乏深层次的开发利用、缺乏研究开发人才等诸多问题，因此，抢救和保护贝叶文化资源显得尤为重要。

民间文学

傣族文学种类繁多，内容丰富。歌谣、神话、创世史诗、叙事长诗、民间故事等最初以口头创作传播为主，佛教传入后，出现了傣文，人们便开始了书面创作。所以，傣族文学可分为口承文学与书面文学两部分。在长期的发展中，口承文学与书面文学相互交织、相互渗透、相互融合，留下了丰富多彩的傣族文学遗产。这些文学作品流传广泛，家喻户晓，承载了傣族远古时代到今天的历史文化、社会风貌，包括采集狩猎、生产、风土人情和生活习俗等，全方位地向我们展现了傣族文化。

歌谣

傣族俗语说“生活中没有诗歌，就像吃饭没有盐巴”。诗歌已渗透到傣族生产生活的方方面面，如耕田、伐木、盖房、纺织、恋爱、结婚、生育、送葬等活动都要唱歌，这些歌可分为古歌谣、习俗歌、生产歌、情歌等。

古歌谣　古歌谣朴实、简练，感情表达真切、直率，是傣族文学的开端。古歌谣的内容多反映傣族先民采集、狩猎、初期农耕的情景，展示了傣族先民与大自然抗争的精神，如《叫人歌》《摘果歌》《找水歌》《吃菌歌》《拔刺歌》《虎咬歌》《蜈蚣歌》

《关门歌》《睡觉歌》《哭哀歌》《雀屎谷》等反映了原始先民的采集生活，其中《关门歌》反映了傣族先民原始的穴居生活，歌中唱道：

山洞在野外
山洞在森林
野外有大蛇
林中有虎豹
孩子们，快进去
老人们，快进去
我要关门了
我要堵洞了
搬来干树枝
拉来绿树叶
抬来大石头
堆在洞门口
挡风又防冷
野兽进不来
我们才安全
关门了，关门了
啾，啾，啾

恋爱（选自《上思茅歌·贺新房歌》插图）

习俗歌谣　傣族祭祀、盖房、婚嫁、丧葬、节日等习俗歌独具特色，在傣族社会里广泛流传，是傣族社会习俗的表征和精神产物。

祭祀习俗歌的代表作品有《祭猎神歌》《祭树神歌》《祭雨神歌》《祭寨神·家神歌》及《祭牛魂歌》，主要反映了傣族早期万物有灵的原始宗教观念及其生活生产的情况。此外，还有祭祀农作物精灵的农业祭祀歌，如《叫谷魂歌》《叫水魂歌》《叫牛魂歌》《叫谷仓魂歌》《叫田魂歌》《叫鸡魂歌》等；“一家盖房，全寨帮忙”是傣族的传统习俗，谁家盖房，人们都会纷纷前来帮忙，并边盖房边唱歌，或是盖好房后唱歌庆祝，盖房歌主要以《伐木歌》《抬木歌》《破篾歌》《洗房柱歌》《贺新房长歌》为代表；新年歌一般以《新年宴席歌》《拜年歌》《泼水歌》《放高升歌》《赛龙舟歌》最为有名；婚嫁习俗歌有《说亲歌》《许配歌》

《迎亲歌》《婚礼歌》《宴席歌》《祝福歌》等篇，其中以《婚礼歌》最具代表性，歌中唱道：

啊，千好万好在今天
按照祖先的金门银杆
按照桑木底缔制的规矩
宝石般的小伙子呀
配给金子一样的姑娘

结婚（选自《上思茅歌·贺新房歌》插图）

全勐人人称赞
全寨人人夸奖
说你们俩是天生的一对
男的像月亮，女的像星星
男的是田，女的是谷
男的是水，女的是鱼
男的是树，女的是藤
坚贞的爱情把两家连在一家
姻缘今天把你们结合在一起
在阳光明亮日子像玻璃一样的今天
你们手挽手端着花盘
双双跪在圣洁的拴线桌下
接受双方父母和亲戚的祝贺
我为你们高兴，为你们兴奋
请看我这喜泪呀
正在为你俩流淌
一一滴在白线上
……

生产歌谣　傣族生产歌以种植、纺织、畜牧和制陶生产歌为主。种植生产歌通常与婚姻爱情密切相关，如《播种歌》《十二马》（又称《西双麻》）将生产知识、社会习俗及男女婚姻爱情融合在歌里，世代传唱；《攀枝花歌》《纺线歌》《纺车歌》《织布歌》则反映了纺织与农耕的密切关系。

爱情歌谣　爱情是一个亘古不变的话题，古往今来，不管历史如何变迁，时代如何发展，人类如何进步，人们都渴望得到一份真挚的感情。随着社会农耕经济的蓬勃兴起，傣族创造了千古绝唱的爱情歌谣，如《叁敦洛》（花卉情诗）、《叁嗡》（隐语情诗）、《叁壬勐》（韵律情诗）、《叁帕》（转行情诗）、《叁诺列》（鹦鹉情诗）和《叁烘》（凤凰情歌）等“六大情诗”，其中《凤凰情歌》诗词优美，深受人们的喜爱，其序歌中唱道：

体态袅娜的凤凰啊
请你展翅飞翔吧
迎着绚丽的霞光
快快拍开你那色彩缤纷的羽翎

让你的翅膀披上白云
让你的身影伴随着轻风
请啣着我这封圣洁的书信
越过宽阔的平坝和高山
飞向我梦中想念的地方
把我的心，生命与爱情
带去献给我思念的情人
……
你像枝叶茂密的菩提
闪耀着金亮的光彩
你像一朵鲜艳的沾巴（缅桂花）
在风雨中飘洒出浓郁的清香

拴线祝福（选自《说媒词·祝词·咒语·偈语》插图）

我的爱人哪
现在你住在哪里
也许在林中采花
也许在凉台上梳头
这时你可曾想到了
我正在思念着你

四月天的田坝
蒙着一层薄薄的轻纱

祭奠（选自《花卉情书·青莲之歌》插图）

看远山哪，山一片惆怅
百花也显得暗淡

戛兰托鸟在不停地叫
呼唤亲爱的伴侣归窝
红日西下了
留下一片寂寞

竹叶上的知了
还在吱吱吱地叫着
仿佛在替我诉说悲哀
把我的相思变成它的歌

不管你住在哪里
我爱的人哪
我的心永远跟随着你
我的思念哪，就是你的身影
……
我俩的爱情是在风雨中诞生
像两个金瓜结在一根银藤
命运会把两颗心连在一起
就像金针连着棉线
……
让我们的爱情闪光
让我们的友谊永存
请摘一朵你心中之花
交给凤凰带回我的身边

叙事长诗

傣族在经济相对繁荣，社会生活的需求，审美要求的提高，传统民族艺术与诗歌的成熟，佛教的传入，傣文的创造与使用等诸多因素作用下产生了内容广博的叙事长诗。叙事长诗是傣族文学中最为精华的部分，具有神奇性与现实性的特点。在内容上，可分为创世史诗、英雄史诗、神话叙事诗、爱情叙事诗、悲剧叙事诗等。

创世史诗 《巴塔麻嘎捧尚罗》《变扎贡帕》（又名“古老的荷花”）、《细木过》（又名“天地万物的来历”）是傣族创世史诗的三部曲，其中《巴塔麻嘎捧尚罗》保存较为完整。《巴塔麻嘎捧尚罗》有一万三千余行，是傣族“五大诗王”之一。从创世神英叭“开天辟地”“天地形成”“众神的诞生”“绿蛇与人的传说”“火神毁灭地球”“神制定年月日”“人类大兴旺”等讲到人类大迁徙后定居。可见，包罗万象的《巴塔麻嘎捧尚罗》是傣族的一部神话大集成，也是一部艺术作品，有着重要的研究价值。

英雄史诗 《厘俸》和《相勐》是最著名的两部，其内容以傣族古代的奴隶战争或封建领主战争为题材。《厘俸》全面叙述了傣族古代奴隶主为争夺美女、土地、大象及私有财产，进行了一场大规模奴隶战争，塑造了一群英雄人物，并再现了傣族古代象战的历史。《相勐》则反映了古代傣族封建领主用正义统一民族的战争事迹。

《粘芭细敦》书影

神话叙事诗 《乌沙麻罗》（又称《乌沙巴罗》）、《粘芭细敦》《兰嘎西贺》《粘响》是“五大诗王”中的四部，是较有代表性的神话叙事诗。《乌沙麻罗》有十万余行长，是傣族“五大诗王”之首。长诗叙述了丑王乌沙与象王召掌相互争夺美女麻罗的故事，以及由此引发的两个部落之间的战争，揭示了傣族从原始社会向奴隶社会过渡时期的社会基本矛盾和发展趋势。长诗中讲道：乌沙的母亲是荷花与地神之女，养父是在森林里修行的帕拉西，他们信仰佛教。乌沙的生父是召曼诺沙蒂国王，信仰原始宗教，因其强抢了荷花之女为妻，帕拉西很气愤，并对天诅咒“让他们生下的儿女像个癞蛤蟆”。后来，荷花之女与召曼诺沙蒂生

《乌沙麻罗》书影

《粘芭细敦》插图

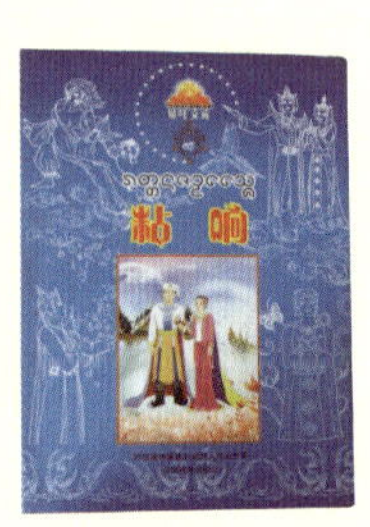

《粘响》书影

《召树屯·青瓜王》书影

下的乌沙不但极丑无比，还心狠手辣，为非作歹。他想强占美女麻罗为妻，被麻罗的情郎象王召掌调动十万头大象打败了，麻罗与象王召掌有情人终成眷属。这场“丑王与象王之战”借助抢夺美女之争，反映了佛教传入初期与原始宗教的斗争；《粘芭细敦》是一部在神话的基础上加以创作的作品，全诗有六万余行，被称为“傣族五大诗王的老二”，前半部反映傣族先民与大自然的抗争，后半部则反映封建领主内部矛盾与抢夺王位继承权的斗争；《粘响》是一部反映封建领主为争夺美女，争夺政权而发生战争的作品；《兰嘎西贺》取材于印度著名史诗《罗摩衍那》，诗中也反映了南传上座部佛教与傣族原始宗教的斗争。

爱情叙事诗 傣族的爱情叙事诗优美动人，主要反映了傣族男女青年忠贞不渝的爱情以及对理想爱情的追求与赞美。主要代表作有《召树屯》《松帕敏》《缅桂花》《三尾螺》《三牙象》《景亚丽和南达纳》《婻慕木苹》《尼罕》等。其中《召树屯》是一部情节曲折、优美动人的爱情故事。长诗中讲述了王子召树屯在打猎时遇见了美丽的孔雀七姐妹在天湖里洗澡，便悄悄偷取了七公主婻穆诺娜的羽衣，使她无法飞回孔雀国，婻穆诺娜对他也一见钟情，愿意与召树屯结为夫妻。后来，战争爆发，召树屯出征，婻穆诺娜被人诬陷为会带来灾难的妖女，老国王听信谗言，决定处死她。婻穆诺娜为避杀身之祸，临刑前，以跳舞之名乘机穿上羽衣飞返孔雀国。召树屯归来后，历尽艰辛最终找到了孔雀国，夫妻始得团圆。《召树屯》歌颂了傣族忠贞的爱情，反映了古代傣族人民的生活与思想感情。傣族民间通常在结婚时请歌手来演唱《召树屯》，其流传极为广泛，家喻户晓，1956年曾出版汉文单行本，并被译成俄文等外文出版，后来被改编为木偶戏、舞剧、电影等。

悲剧叙事诗　傣族悲剧叙事诗集中反映了傣族封建领主末期的社会矛盾和悲壮的现实生活。主要代表作有《婻波冠》《宛纳帕丽》《线秀》《娥屏与三洛》《叶罕佐与冒弄养》《葫芦信》等六部。

《松帕敏·窝拉翁》书影

古老神话

傣族古老神话具有丰富性、系统性的特点，内容丰富多彩。如人类起源神话《英叭开天辟地》《葫芦人》《葫芦生蛋》《污垢泥人》；洪水泛滥神话《葫芦传人种》；图腾神话《鸟姑娘》和《象女儿》；自然神话《太阳七兄弟》和《惟鲁塔射日》；祖先神话《桑木底》《龙女神》《会帕雅亚》及《神牛之女》等；谷物神话《谷神》与《谷魂奶奶》等是傣族先民创造的神话，其中《谷魂奶奶》反映了傣族女性在农耕初期的重要性，神话讲述谷神原是天上一位活泼、爱玩水的女神。英叭神创造出谷种后，没有撒在地上，全交给她珍藏起来。她掌管着谷种及种植谷物的技术，人类要种谷子，必须向她祈求。某日，她在天上看见人类成群结队在地上寻找食物，跑遍了几座山都找不到。她可怜人们，随手撒下一把谷种，从此地上长出了谷子。谷种是从天上飘下来的，那时候的谷子都有翅膀，一旦成熟会自动飞到人们的家里。

《娥屏与三洛》书影

种植谷物（选自《创世史》插图）

传说

传说是一个民族丰富的文化资源，傣族的传说主要有人物传说、风物传说和地名传说。

人物传说 主要叙述和赞美傣族历史上杰出的首领、战争英雄及劳动能手等各种传奇事迹，传说中的主人公大多被神化。主要代表作有《召法弄冒罕长生不老之说》《思弄法的传说》《姐等贺的混等王》《思可法的传说》等。

风物传说 主要以有趣的故事来解释某一事物的由来或习俗的起源。代表作品有《歌手的起源》《文身的来历》《葫芦丝的来历》《柴的故事》《宛纳帕文身杀妖魔》《泼水节的传说》。其中以《歌手的起源》和《文身的来历》最优美动人。《歌手的起源》分《滴水成歌》《神鸟传音》《盖房唱歌》三篇，歌手演唱时都要进行伴奏。随后产生了《竹笛的传说》《柚木琴的传说》《象脚鼓的传说》等。

地名传说 以皇室成员命运的遭遇或英雄人物的英雄事迹解释地名的来历，如《勐卯的来历》《允景洪的来历》《悍掌的传说》等都具有浓厚的传奇色彩。

民间故事

俗话说“每个人都是有故事的人”，当然每个民族也都是有故事的民族。傣族的民间故事主要有阿銮系列故事、动植物系列故事、爱情伦理系列故事和机智人物系列故事等。

阿銮系列故事 可分为佛本生型、神话型及英雄型。佛本生型的阿銮故事，取材于《佛本生经》和其他佛经，主要代表作品有《五个神蛋》《只有头的阿銮》《维先达腊阿銮》和《瞎子阿銮》；神话型的阿銮故事通常把印度佛本生故事中的人物地点换成傣族的人物地点，并根据傣族的神话、民间故事等改编而成，其主人公都是神话中的神或神化了的动物，主要以《金岩羊阿銮》《花水牛阿銮》《四脚蛇阿銮》《白蚌壳阿銮》为代表；英雄型的阿銮故事中的主人公阿銮，几乎都是战争中被神化了的英雄，代表作品有《金皇冠阿銮》《三只眼阿銮》和《阿銮和他的弓箭》。

动植物系列故事 主要用拟人化的手法，赋予动植物人类的思想感情，并通过动植物的事迹，反映人类社会现实生活。动物故事的代表作有《大象》《双角犀鸟》《光身鸟》《恩将仇报的老虎》《青蛙和狮子》《猫和狗的故事》《铁菱角鸟与乌鸦的故事》《鸡冠为什么是火红的》《金孔雀的尾巴》《知了的肚子为什么是空的》《黄牛与狮子》等；植物故事有《箭毒木》《大青树》《三色花》《无叶藤》《荔枝》《芒果》《骑石树》和《淌眼泪的树》等。

爱情伦理系列故事 《孔雀姑娘》《彩虹姑娘》《芒果姑娘》《香发姑娘》《莲花姑娘》《菩提姑娘》等是傣族爱情伦理故事的典型代表。傣族自古有"从妻居"的婚姻习俗，从故事中可以看出，傣族妇女在婚姻方面的重要地位。

机智人物系列故事 《数星星》《借谷种》《鱼爬树》《哭死马》《草灰搓绳》《吃螃蟹脚》《看不见的东西最干净》《废除以梦断案》《伙子鱼塘爱姑娘鱼塘》《九曲宝石》《抢娃娃》等大都围绕着召玛贺和岩苏、岩西三个机智人物展开，因此，又可称为《召玛贺故事》和《岩苏岩西故事》。其中，《召玛贺故事》采用"以其人之道，还治其人之身"的手法，机智地与邪恶势力做斗争，展现了傣族丰富的知识和非凡的智慧。《岩苏岩西故事》则反映了傣族运用自己的智慧，勇敢地与统治阶级做斗争，批判了欺骗、贪婪、损人利己的思想与行为，展现了傣族助人为乐、见义勇为、团结互助的民族精神。此类故事主题都是健康积极向上的，具有一定的教育功能和审美价值。

赞哈——傣族生活中的盐巴

唱歌使人快乐，没有赞哈的歌声，在我们生活中，就像吃菜没有盐巴，吃饭没有糯米。

盐巴是五味之首，糯米是傣族的主粮，他们在谚语中把"赞哈"比作"盐巴"和"糯米"，可见"赞哈"在傣族生活中具有十分重要的意义。

"赞哈"在傣语中有双重含义，一是指民间歌手，二是指传

傣族赞哈歌手演唱

统的民间曲艺形式。在傣族社会，赞哈起着非常重要的作用，他们不仅是贝叶文化和文学艺术的创作者与传播者，同时也是傣族文学的继承者和发扬者。傣族赞哈见人说人、见事唱事，即兴创作，极具亲和力与感染力，他们的表演是当地群众喜闻乐见的一种演出形式。每逢重大活动，傣族都要请赞哈歌手演唱助兴，如傣历新年、开门节、关门节、贺新房、升和尚、赕佛、婚丧嫁娶、庆丰收、小孩满月等。当然，在劳动小憩时亦能听到赞哈歌手娓娓动听的歌声。赞哈演唱的内容十分广泛，一般源于劳动和生活，如习俗歌、情歌、谜语、民间故事传说、佛教教义、佛祖生平等。赞哈还善于将经书中的故事改为唱词，并把缺乏生动形象、缺乏文学色彩的抽象叙述，改成具体、生动、形象化、通俗化的故事。傣族村寨都有赞哈歌手，对于傣家人来说，赞哈歌手是有学问和地位的人，因此，他们对赞哈特别地尊敬和爱戴。

赞哈的产生

关于赞哈的传说，主要有《滴水成歌》《神鸟传音》《盖房成歌》等，其中，《滴水成歌》讲道：

傣族祖先从狩猎进入农耕时，有母女二人在深山密林里开荒种地。一天中午，天气非常炎热，母女俩挖地很累，口渴难耐，于是母亲吩咐女儿到山下的泉边取水来喝。女儿来到泉边，听到叮叮咚咚的泉水声，既清脆又柔和，觉得好听极了，不知不觉忘记了返回，直到傍晚。母亲见女儿这么晚才回来，便问其缘由。女儿将听泉水声音的事告诉了母亲，母亲不信，亲自去听，果然，泉水的声音确实好听极了。从这天起，姑娘便天天到泉水边倾听泉水的声音，模仿泉水的声音哼唱起来。日久天长，泉水的声音变成了姑娘的歌声，这个姑娘便是傣族的第一个女赞哈。

赞哈产生年代较为久远，早在远古时期的桑木底时代，傣族社会便出现了专门负责祭祀活动的首领“盘赞”。进入农耕经济后，随着生产的不断发展及傣族社会生活更加丰富多彩，人们常常以歌表意，以歌传情，对娱乐活动的需求增大，渐渐地从“盘赞”中分化出了专门从事唱歌的“赞哈”。因此，赞哈源于原始宗教，它反映了古代傣族先民的智慧，尤其对傣族文学的兴起产生了重大影响。另外，从一些零星的汉文史料中我们依然可以找到赞哈活动的蛛丝马迹，如《百夷传》载：“父母亡，不用僧道。祭则妇人祝于尸前，诸亲戚邻人各持酒物于丧家，聚少年百数人，饮酒作乐，歌舞达旦，谓之娱尸。妇人群聚，击碓杵为戏，数日而后葬。”说明此时傣族生活习俗中已孕育着赞哈习俗。随着佛教传入并逐渐占据统治地位后，赞哈也随之成为宣传佛教的工具。进入政教合一的封建领主社会后，赞哈被纳入佛教管辖之下，并形成了一整套管理赞哈的制度，用来为巩固封建领主的统治服务。传统的赞哈作品有：《贺新房》《恒勐拉》《帕召列罗》《召树屯》《召相勐》《四棵缅桂》《兰戛西贺》等，能演唱这些歌者，均可称为赞哈艺人，但是由于傣族是一个能歌善舞的民族，擅长唱歌，几乎每个傣族群众都会唱一些歌，所以会唱歌的人不一定是赞哈，必须经过拜师学艺才能得到赞哈的头衔。中华人民共和国成立后，赞哈不断得到党和政府的重视，1963年西双版纳州成立了赞哈协会。2006年6月，赞哈被第一批列入国家级非物质文化遗产。

傣族女赞哈（壁画）

赞哈演唱独具特色

赞哈演唱不受时间、地点、环境等条件的限制，演唱者席地而坐，用一把扇子半遮住脸，另一人吹竹笛伴奏，即可演唱。演唱主要有三种形式：1. 自由演唱或即兴演唱；2. 男女二人对唱；3. 赛唱。演唱时以筚和玎作为伴奏乐器，筚主要用于生活演唱；玎主要用于舞台演唱。同时，赞哈演唱时有两种伴奏形式：一种被称为“哈赛玎”，以近似于二胡的拉弦乐器伴奏，演唱内容多为山歌、情歌，是小伙子对姑娘倾诉衷肠的常用方式；另一种被称为“哈赛筚”，以装有单铜簧片、形似竹笛的吹管乐器筚伴奏，演唱内容有祝福歌、祈祷歌、固定唱本的叙事长歌等，多在喜庆场合演唱。赞哈伴奏曲调的旋律与唱词的语调高低联系密切，朗诵性与歌唱性有机结合，富有柔美抒情的特色。

赞哈文化的传承

赞哈文化作为傣族文化的重要组成部分，历经历史风雨的冲刷与时代的变迁，不断地发展和完善。赞哈文化的传承采取拜师学艺的方式，要想做赞哈，不仅要具备音乐天赋、敏捷的思维能力和丰富的知识，而且要拜老赞哈为师。师从于谁，学习者可按自己的意愿择师，认为谁演唱得好，就主动登门拜师求教。

拜师时，徒弟要带上自制的布匹一卷、九对香、一碗白米、一瓶米酒、一串槟榔和钱等礼物前往，如果师傅收下，师徒关系就正式确立，傣语叫“档夯”。赞哈师傅主要是教徒弟方法，大部分的歌要徒弟自己学唱。过去，由师傅指导徒弟学习和掌握“请神歌”“向土司头人赔礼歌”“歌手见面时的礼貌歌”“贺新房组歌”“升和尚组歌”“婚礼歌”“16个城市的来历歌”“开天辟地

知识链接

玎 是傣族对弦鸣乐器的泛称。琴筒可用葫芦、椰子壳或牛角做成，故可分为葫芦琴、椰子琴和牛角琴。演奏时以四度或五度定弦，音量不大，但音色甜美、纤细、柔和，常用于民歌合唱伴奏。

筚 即傣笛，用竹管制成。筚分“筚竜”（大笛）和“筚囡”（小笛）两种，筚竜开有七孔，常与开有五孔的筚囡一起吹奏，这一大一小的母子筚被称为“筚古”（即双筚），多用于赞哈演唱时伴奏，其音色清丽明亮，十分悦耳。

歌”“佛经故事歌”及“佛祖十代生平歌”等。待学到一定程度，徒弟能独立自唱以后，就需要举行结业仪式，傣语称之为“波夯”。这时必备的礼物也同样要有九对香、一瓶酒、一碗白米、钱等，但此时钱的金额要相对多一些。出师后，他们的师徒关系不会因结业而结束，徒弟遇到问题时可以向师傅请教，而且无论到什么地方演唱，开始前必须呼唤师傅、呼唤神灵来助兴。当然，拜师学艺没有局限，可以终身只拜一位师傅，也可以拜三四位师傅。传统学艺的年龄，一般在十七八岁，也有年龄稍大的。拜师学习结业后的徒弟，若欲获得赞哈称号，必须不断地提高演唱技巧和创作能力，积淀丰富的知识，并得到公众的认可和喜爱，方可获得一般赞哈的称号。

傣族赞哈歌手演出现场

历史上，傣族社会曾有一套完整的赞哈管理制度，设有专门管理赞哈的机构叫“赞哈勐”，最高领主的内务总管“召龙帕萨”兼管“赞哈”。根据赞哈的演唱技艺、知识水平和社会声誉，分别授予他们“那宛野坦”“赞哈勐”“赞哈叭”“赞哈”“赞哈先”的等级称号，例如，“那宛野坦”是“知识仓库”的意思，只授予学问最高、最善于演唱的赞哈，被封为“赞哈勐”的赞哈是全坝子赞哈的首领，这种管理制度促进了赞哈演唱活动的发展。

赞哈的作用与价值

傣族是浪漫欢快的歌舞民族，赞哈是歌舞文化的代表与标识。赞哈文化在傣族文化中具有极其特殊的地位，是傣族精神生活不可或缺的食粮。赞哈既是演唱者，也是本民族历史文化的传承者。

第一，赞哈文化作为傣族历史发展和社会生活的反映和表现

傣族赞哈歌手在国际演出活动中获奖

形式，对傣族社会产生了重要的影响。过去，傣族地区没有正规的学校，教育主要依靠佛门，既传教，又从事教育，赞哈在这个过程中充当了启蒙教育者的角色。他们教三五岁的孩子学习傣文字母歌，为进一步学习打下良好的基础。在漫长的社会活动中，傣族构建了本民族的伦理道德和社会关系，维系和支撑着他们的社会安定，这些伦理道德观念和社会知识的传播，主要由赞哈来完成。在现代文明社会里，赞哈则扮演了上情下达，下情上传的角色，在宣传思想工作中起到了桥梁作用。

第二，赞哈的歌声丰富了傣族群众的生活。赞哈是群众中的一员，和大家一样参加农业生产劳动，他们熟悉傣族历史、地理、神话传说、民族生活习俗和农业生产技术等，深刻了解傣族群众的愿望和心声，因此，他们创作和演唱的作品在一定程度上反映了傣家人的喜怒哀乐，受到人们的喜爱。

第三，赞哈丰富了傣族文学，赞哈既是演唱艺术家，也是出色的民间诗人。赞哈遇事唱事，见物咏物，触景生情，即兴即唱，生动活泼，引人入胜。他们的口头和唱本中都创作了许多优美生动的民间故事和历史传说，丰富了傣族文学的宝库。同时，他们所创作的许多优秀作品，一代传一代，并不断发展完善，成为了傣族民间文学的杰作。

第四，傣族人民在漫长的历史中创造了丰富多彩、灿烂夺目的文学作品，这些作品能够得以保存，赞哈在其中起到了不可低

知识链接 **赞哈剧** 随着社会的发展，单纯的赞哈坐唱已无法满足傣族群众的精神文化生活需求，于是，对传统的赞哈艺术进行改革创新势在必行：一是演唱地点从竹楼坐唱搬到广场或舞台；二是演唱姿势从坐唱变为站立演唱；三是演唱道具由赞哈手中的扇子变为其他道具，并辅之以各种表演动作；四是借鉴汉族戏剧艺术形式，在剧本、唱腔、伴奏、表演等方面进行了改革和探索，最终丰富发展成为一项综合性的表演艺术——赞哈剧。

估的作用。赞哈歌手在继承文学遗产的同时，珍藏了许多优秀的文学作品，这对文学遗产起到了继承、推广和保存的作用。

第五，赞哈的歌声在国内外的文化交流中起到了促进作用。一些有名望的赞哈经常被邻国邀请，涉足东南亚各国，他们把演唱的作品带出去，又从邻国带回优秀的作品，起到了文化交流的作用。

风格迥异的傣乡建筑

关于傣族先民的民居，李京在其《云南志略》中曾有这样的描写："金齿百夷……风土下湿上热，多起竹楼，居濒江，一日十浴。"明景泰《云南图经志书》亦载当时的西双版纳："其土下湿，夜寒昼热，多濒江为竹楼而居。"这些记载，说明明代以前的傣族民居建筑以"干栏"（俗称竹楼）为主。

"竹楼"，顾名思义，是以竹子为材料建造的房屋。据记载，傣家竹楼已经有1400多年的历史，是聚居于西双版纳和德宏瑞丽等地区的傣族传统民居形式。

相传，竹楼的建房始祖为帕雅桑木底，他曾建过绿叶平顶屋和傣语称为"杜玛奄"的窝棚，但遮风挡雨的效果都不好。有一天，天神变成一只凤凰飞到他的面前，低头垂尾，两翅微张，双脚立地，做出欲飞之姿。就这样，帕雅桑木底在凤凰的启示下，建成了"很烘"竹楼，后来在此基础上不断改进，修建成了如今庄重空灵的高脚竹楼（高脚干栏屋），并逐渐演变为"晃很"或"很"。

早期的"竹楼"外观上呈"人"字形屋脊，一般分为上下两层，下层架空，供储放杂物和关牲畜，上层则供人生活起居。在结构上，以粗竹子为骨架，竹编篾子做墙体，楼板或用竹篾，或

知识链接

"杜玛奄" 傣语，"杜"表"棚子"之意，"玛奄"为狗仰头坐的姿势，故"杜玛奄"意为狗头窝棚。

"很烘" 傣语，"很"是家，房屋的意思，"烘"即凤凰，"很烘"意即"凤凰房"。

西双版纳傣家竹楼

用木板，屋顶铺茅草。

由于傣族生活地区湿热多雨，毒虫野兽比较多，竹楼的这种结构一是可以让房屋远离地面，防潮防湿；二是可以通风散热，避免毒虫野兽的骚扰；三是傣族生活在河坝地区，洪水多发，架空结构利于洪水通过，防止洪涝灾害。加之竹楼上下两层的结构，有效地利用了立体空间，可避免大片的土地资源浪费。所以，不论从建造结构还是建筑材料的选择上，竹楼都闪烁着傣族人民的勤劳和智慧。

同为竹楼，由于地理环境和经济文化等的差异，居住在不同地区的傣族，其竹楼的外观造型和空间划分上仍有很多不同之处，根据地区差异，大致可区分为三种类型：

西双版纳竹楼

西双版纳竹楼是最为典型的干栏式建筑，通常由楼下架空层、楼梯、前廊、堂屋、卧室、晒台等六个基本部分组成。楼下架空层，多不用墙壁，可饲养牲畜和堆放杂物；上层则是人们生活起居、待客交往的场所；堂屋设火塘，供人生火做饭、接客会友；卧室和堂屋并列，一般没有门，仅挂布帘遮挡，一般不允许外人擅自闯入；楼梯作为通往楼上的通道，一般在房子的侧面，因为傣族视单数为吉利数字，所以楼梯的踏步级数多为9~11级。

西双版纳竹楼呈平面方形，屋顶特点最为突出：呈歇山式，正脊较短，坡度较陡，由此形成一个“小”字形屋顶，当它下降到整个屋顶约五分之二的地方便转变为坡度较缓的四面坡大屋顶，利于雨水的下落和防晒。有的还加偏厦构成重檐，远远望去，屋顶造型犹如一顶草帽隐逸在一片翠绿中。

瑞丽竹楼

瑞丽型竹楼与西双版纳竹楼不同的是，平面为跃层形式，屋顶平直、屋脊处有“千木”装饰，出檐深远。

瑞丽傣家竹楼

底层用篱笆围起来，被充分利用。畜圈则另建棚屋。上层横向分隔，前为堂屋，入口处设有佛龛，并通过前廊和楼梯相连。瑞丽竹楼的一大特点就是墙面设有落地开窗，可以有效地使空气对流，降低室温。楼梯一般为双楼梯，有主次之分：主楼梯连接室外通过长廊进入堂屋，次楼梯则设在室内靠卧室的一侧，方便在卧室和堂屋之间的走动。

孟连型竹楼

孟连型竹楼傣语称“很绍付”，平面为堂屋递进形式，保持着男女柱的巫术地位。屋顶很大，坡度较平缓，出檐深远。屋脊的千木突出，从堂屋通向晒台通道处的檐口造型独特：或是将屋

孟连新式傣楼

顶檐口截断一块，单独向上撑起；或是做成老虎窗式的三角形出入口。另外，孟连地区的竹楼前廊消失，在底层入口处的楼梯设休息平台。

竹楼建造体现礼仪和信仰

傣族是一个崇尚礼仪，尊老爱幼的民族，所以竹楼的建造，过去是分等级和辈分的。如普通百姓、一般官员或村寨头人、土司以上的“召勐”在建盖竹楼时，房柱分别为32根、64根和100根以上，因此，房柱的多少体现着地位的高低。另外，昔日的傣家竹楼还分为“很帕雅桑木底”“很麻哈萨梯”和“很门”三种。虽然房屋大同小异，但在结构、高低及楼梯的级数等方面略有差异，所以，“很帕雅桑木底”多供家族长辈居住，“很麻哈萨梯”由分家立户的儿孙辈居住，“很门”多由刚分家的儿女居住。

值得一提的是，对傣家人来说，建造竹楼的柱子也是很有讲究的：建造前，主人要先挑选男柱“梢召”和女柱“梢婻”和中柱“梢浪”、家神柱“梢丢瓦拉很”、灵魂柱“梢欢”，这几根柱子必须从枝叶茂盛、树冠通直粗圆的树木当中挑选，以图家业兴旺发达。并且，在动手砍伐选定的树木前，必须用蜡烛、槟榔和酒等祭品对其进行祭祀。

随着社会经济的发展，傣家竹楼已发生很大变化，主要表现在建筑材料上，竹制、木制结构建筑渐渐被砖混、钢混结构建筑

新式傣家楼房

所取代，屋顶也不再用茅草遮盖，而改为瓦顶。很多富裕起来的傣族家庭还对房屋外壁进行粉刷，或装饰以瓷砖、栅栏等，但传统干栏式结构仍旧保留了下来。可见，竹楼这种独具民族特色的建筑，已经成为一种文化，成为傣族的标志，并凝聚在傣家人的生活中得以传承和发展。

当清晨第一缕阳光洒下来，雾霭慢慢散去时，傣族村寨慢慢凸显出它的轮廓：高大的椰子树、棕榈树，一片片花丛和果林，挺拔的凤尾竹，形成一片浓密的绿荫，簇拥着一座座欲展翅飞翔的傣家竹楼。在这古朴别致的竹楼上，傣家人用他们的劳动和智慧，创造着他们悠久而灿烂的民族文化。

厚重防寒土掌房，傣族的智慧选择

除了竹楼以外，傣族民居还有土掌房，主要是指生活在红河流域地区的傣族住宅形式。由于这些地区山地多，平坝少，气候变化大，便选取厚重、结实的平顶土掌房作为居所。土掌房为土木结构，一般分为两层，与竹楼相反的是，一楼供人居住，二楼堆放粮食和杂物，牲畜单独盖圈；屋顶为土木平面，可供人纳凉或翻晒谷物等；土墙有两层，厚达三尺。这种结构和材质的土掌房冬暖夏凉，可以在御寒的同时又能很好地起到防火作用。

马关黑傣民居

如今，土掌房也发生了变化，造型与格局还保留着传统的风格，建筑材质多选用水泥、砖瓦等，钢混结构取代了过去的土木结构，装饰风格也更加现代化。

典雅富丽的佛寺建筑

除了极具傣族特色的竹楼之外，佛寺建筑也是傣族建筑的一大特色。由于傣族信仰南传上座部佛教，所有的重大节日都与佛教有关，所以傣族地区佛寺、佛塔众多，形成了“村村有佛寺，寨寨有僧侣，佛经堆如山，佛塔多如林”的独特景观。

总佛寺

西双版纳傣族佛寺建筑多为落地重檐多坡面结构，一般由大殿、僧舍和鼓房组成，中心佛寺外加戒堂、藏经楼、佛塔等。大殿是整座佛寺的核心建筑，一般为长方形平面，坐西朝东，东面为大门，西面为佛像。与传统民居不同的是，佛寺建筑外观上多富丽堂皇，在屋顶、墙面、梁、柱等地方都有大量装饰，或以多重瓦装饰，或用五彩玻璃装饰，更有色彩艳丽的佛教壁画、栩栩如生的雕塑点缀其中；佛塔更是形态各异，常见的有金钟式、金刚宝座式、折角多边式、亭阁式等，其建筑结构一般可分为塔基、塔座、塔身、塔刹四个部分。傣族的佛塔可谓种类繁多，千姿百态，充分体现了傣族佛塔建筑设计的多样化和傣族在建筑技术上的成就，其中，最具代表性的佛塔有：历史悠久的曼飞龙笋

树包塔

知识链接 **干栏式建筑** 是对“人处其上，畜产居下”的底层架空的居住建筑类型的统称，广泛存在于中国南方各民族中。

古时，南方气候湿热，植物茂盛，毒虫野兽比较多，易发生洪涝灾害。《庄子·盗跖》云：“古者禽兽多而人少，于是民皆巢居以避之。”早期先民为了生存繁衍，白天渔猎觅食，晚上就寄居于树窝过夜，称为“巢居”，这也是干栏式建筑的雏形。随着社会发展、人口的增加和生产技术的提高，特别是火的出现，人类的居住向地面发展，逐渐形成了今天所看到的干栏式建筑，傣家竹楼便是典型的代表。

塔，铜片裹身的曼崩塔，造型精美的景真八角亭、金碧辉煌的姐勒大金塔、朝佛圣地塔庄勐以及独特的树包塔、塔包树等等。

佛寺在傣族社会中，不仅是宗教活动场所，还是举行重大节日庆典的地方，更是文化教育、凝聚民心的重要场所。佛寺在傣族心中是神圣的，傣家人坚信佛祖的力量，更坚信自己的信仰。

▲

佛塔

历史悠久的稻作文化

有一次，帕召（佛祖）和叭英（天神）到人间视察，把下界的神仙们聚集起来训话："从今天起，无论是居住在天上的、人间的，还是水里的神和鬼都得听从我们的指挥，帕召是唯一至高无上的，只有帕召才能决定人类的命运。"下界的神仙们纷纷磕头，要求帕召宽恕。但有一个老妇没有下拜，没有磕头，昂首挺胸，傲然怒视。"你是哪路来的神仙，竟敢在帕召和我面前如此放肆，快快跪下，磕头认错。"叭英厉声喝道。"我是世上一切谷类的灵魂，名叫雅欢毫（谷神奶奶），我只知道人类离开了谷子就不能生存，我是谷类的祖先，所以不能向你们下跪。"帕召和叭英听了雅欢毫的话，怒发冲冠，暴跳如雷，当场宣布她的罪状，决定把她从神仙的行列中清除，打入阴间的大油锅。雅欢毫不甘示弱，当天晚上就带领子孙连夜出走了。雅欢毫离开后，人间发生灾荒，田地颗粒无收，人、动物及鬼神都面临死亡。帕召无奈之下邀请谷魂重返人间，从此庄稼又长了出来。

这一民间故事深深地融入了傣族的文化心理意识中，他们在笃信南传上座部佛教的同时也虔诚地信奉着谷魂"雅欢毫"。傣族信仰"万物有灵"，他们认为稻作农业是人与自然相互作用的物质产物，也是人与超自然神灵相互关系的结果。在稻作生产过程中，他们举行各种仪式祭祀神灵，祈求风调雨顺，稻谷丰收。并认为最早的谷种由天神赐予，由"帕雅桑木底"首领教会人们种植，他让人们相信："森林是父亲，大地是母亲，天地间谷子至高无上。"因此，谷魂受到人们的信奉。当佛教传入傣族地区未站稳脚跟时，帕召和雅欢毫之间便发生了谷魂是王还是佛祖是

稻田与白鹭

王的争斗。同时，故事强调了民以食为天的思想，具有较为朴素的唯物主义思想，其本身是原始谷物崇拜与南传上座部佛教互相渗透的结果。也就是说，稻作文化与南传上座部文化相辅相成，一方面，傣族繁荣的稻作农业和宽裕的经济生活，为开展赕佛活动提供了经济来源，为佛教的广泛传播提供了物质基础。另一方面，佛教面对傣族较为发达的稻作文化和原始宗教中的农业祭祀传统，也进行了自身的调适，使之融入到傣族稻作文化体系之中。

稻作文化历史悠久

傣族是百越民族的后裔，稻作文化历史悠久。考古发现表明，新石器时代的百越民族具有了使用肩石斧、段石锛以及种水稻、居干栏等共同的文化特征。迄今为止，在中国境内发现的新石器时代的稻作遗存广泛分布于浙江、广东、湖南、湖北、云南、河南等地区，而这些省市的大部分区域，远古时期均是百越族群的聚居地，从而证明了百越民族是我国最早的水稻栽培者。近年来，在云南滇池附近和元谋、宾川、普洱等地，也发现了古稻种，其中，宾川白羊村发现的古稻种，距今约4000年左右，普洱凤阳发现的古稻种，也早于2000年。而发现古稻种的这些地区，古代都曾有傣族先民居住，由此可推断傣族也是最早种植水稻的民族之一。

傣族主要分布于热带和亚热带，这些地区土地肥沃、雨量充

拔秧

沛、气候温和、水资源丰富、灌溉便利，为水稻生产提供了优越的自然条件。早在1000多年前，傣族便进入铁器时代，广泛使用铁农具，善于象耕和牛耕，并根据他们所掌握的天文历法，按二十四个节令来安排农业生产的各个环节。与此同时，由于傣族自古便居住在靠近江河的地方，使得他们在千百年的农耕生产中，修建了许多水利灌溉系统，形成了一套完整而严密的水利管理制度，并制定了相关的法律法规。设有各级专门管理水利的官员，对水的管理具有了科学性和系统性，水利灌溉系统的修建和日趋发达也为水稻的系统耕作提供了保障。时至今日，水稻种植仍然是傣族重要的生产方式。

扇谷

傣族善于种植水稻，在漫长的社会历史发展进程中，创造了丰富多彩的稻作文化，并代代相传，延续不断。由于稻作文化是以稻谷的耕种为核心，为此形成了一系列稻作生产技术（包括选种、耕种、收获、贮藏等）和生产工具（犁、耙、锄、镰刀、摘刀等），食品加工方法以及有关稻作的习俗、信仰等不同层次的文化现象。傣族嗜食糯米，因此，在泼水节、开门节、关门节等节日庆典，以及订亲、结婚、丧葬和其他民俗活动中，糯食不仅用于祭祖和食用，还是一种主要礼品，有时甚至作为辟邪的宝物。所以，糯食与傣族的生活习俗与节日庆典密切相关。此外，伴随着傣族稻作文化的不断发展，出现了一系列水崇拜礼俗，特别是以稻神崇拜为中心的农耕礼俗。

“雅欢毫”——傣族的谷神

祭谷神在傣族生活中具有重要的意义，傣族的谷神“雅欢毫”是一种介于人与神之间的超自然物，神通广大。因此，在稻谷生产过程中，傣族将谷子神圣化，视为谷神。他们认为：水源流入田的地方是整块田的心脏，称为“头田”，傣语叫“毫叔牙”。每年栽秧时，都要在“头田”处先栽上十余棵秧，象征“雅欢毫”，然后才开始大面积栽种。“头田”处插一棵一丈长的苦竹，竹上挂有竹编的鱼和两串完整的鸡蛋壳，以及一个小竹箩，箩内放有糯米饭、香蕉、腊条等供奉“雅欢毫”，祈求“雅欢毫”保护谷子成长，粒粒谷子有鸡蛋大，年年有余。收割时，也先割“头田”中的稻谷，举行叫谷魂仪式，念谷魂词：

傣族村寨与稻田

冬天太阳红，天空很晴朗，星星也来了，月亮也来了，谷魂哪！你是王，谷魂哪！你是主。千亩黄谷已归仓，千亩稻草已堆齐，谷魂哪！快回家，谷魂哪！快归仓。一粒谷，胜过千两金，一粒谷，胜过万挑银。生命靠着你，人类靠着你，你不

知识链接 **招魂** 西双版纳傣族认为：世间万物皆有灵魂，灵魂可以离开物体而存在，人身上有32个大魂，92个小魂，人生病是因为灵魂受到某种伤害，必须要通过招魂才能把受到伤害或游离了的灵魂招回来。招魂方法共有81种，分为替人招魂及替家禽和谷物招魂，替人招魂的方式主要有“唤欢龙”（招大魂）、“唤欢囡”（招小魂）、“菲欢”（换魂）和“唤欢南朗”（招黑姑娘魂）四种。替家畜家禽和庄稼招魂的方式有“唤欢为怀”（招牛魂）、“唤欢盖”（招鸡魂）和“唤欢毫”（招稻谷魂）等。

要抛撒在大地，大地蚂蚁多，蚂蚁会吃魂，还有贪吃的麻雀和野鸟，天天在田边寻食，见谷就张口，专找谷魂吃。今天主人来，声声把你叫，带来黄鸡蛋，带来竹扁担，还有提箩和背筐，把你挑回寨，把你带回仓。新仓库，篱笆围得严，风不透，雨不淋，蚂蚁钻不进，老鼠进不来。你在仓库里，舒服又平安，待到明年新月时，你再到田里，打苞扬花，吐香争艳。回来吧！回来吧！别在野外淋风雨。谷是王，谷是主，回来了，回来了，撒！撒！撒！

叫谷魂一般由年长者主持举行，叫魂结束后把代表“雅欢毫”的谷子送回家，在回家的路上不允许说话，不能与他人打招呼，以防惊吓“雅欢毫”。代表“雅欢毫”的谷子挂在谷仓中，一直保留到第二年。

日常生活中的洗米过程，也充分表现了对“雅欢毫”的崇拜。另外，与“雅欢毫”有关的崇拜礼俗还有收割前的尝新米，以此庆贺丰收，与谷神相互沟通，祈求来年风调雨顺，粮食丰收。

总之，傣族对谷神的崇拜是基于万物有灵的观念，他们认为谷子是有灵魂的，谷子的灵魂与人所具有的灵魂一样，可以离开物质实体。谷子具有生命力和繁殖力，同样有生长、繁殖、凋谢和死亡等现象。因此，要保护万物，必须为谷子叫魂，因而出现了谷子收割后的叫“谷魂”，犁完田后叫“拴牛魂”等事项。于是，为使庄稼丰收，必须保住“雅欢毫”，体现在农耕活动中便产生了对“雅欢毫”的一系列崇拜礼俗。

知识链接 **拴牛魂** 傣族认为牛有牛魂，犁田使牛的身心和牛魂受到损伤，所以，为使其恢复健康，就需要招魂。

医药文化

傣医药和藏医、蒙医、维吾尔医并称为我国“四大民族医药”。作为傣族人民创造的民族文化中优秀灿烂的一部分，具有先进的古代医学知识和观念，不仅是傣族人民在日常生活中与疾病作斗争的过程中不断总结出来的药方和经验，也是傣医药文化与各种文化体系、医药体系交融、结合、渗透的产物。

自从有了人类，便有了医疗，医学就是人类与自然环境对话中孕育而生的。历史上的傣族先民生活在雨林地区，气候湿热，一方面使得疟疾、鼠疫、霍乱等传染病十分流行，另一方面，湿热地区丰富的动植物资源，也为傣族先民提供了医救方法。生活在这里的傣族，在不断同大自然和疾病做斗争的过程中，不断探索和发现，认识了解和利用大自然中的多种动植物来防病治病，创造出丰富多彩的傣医药文化。

“摩雅”传说

据贝叶经记载，傣医药文化已经有2500多年的历史。傣族称药为“雅”，称医生为“摩雅”，据说傣族最早的“摩雅”叫龚麻腊别，而关于他寻药救人的传说也在傣族民间广泛流传：

治病（选自《傣方药》插图）

龚麻腊别和傣族其他的男孩子一样，七八岁便入寺当和尚修行。在他15岁那年，洪水卷走了成熟的稻子，一家人没有食物度日。龚麻腊别的父亲便到树林里寻找可以充饥的东西，找了很久找回了一小箩杂菌给家人吃。谁知吃过不久，一家人的肚子都疼起来了，恶心呕吐，父亲便明白是菌子中毒，最后父亲和弟弟妹妹因为中毒太深都去世了，只有母亲吃得少活了下来。龚麻腊别知道后伤心欲绝，便还俗回家挑起了生活的重担，并立志要找到解毒的草药。这一年，村寨很多人因误食毒菌和野菜而死去。他心想，天下有有毒的东西，就必然有解毒的东西。于是，他每天跑到森林里观察误食毒菌的野猪怎么解毒，最终，皇天不负有心人，他发现了一种小草，就是文尚海（竹叶兰）。

龚麻腊别找到解毒宝药的消息在村寨里不胫而走，他救活了很多中毒的乡亲，也由此走上了行医的道路，成为传说中傣族医药的始祖。

傣医药发展历程

在南传上座部佛教传入以前，傣族民间已积累了以口传、面授的方式进行传播的傣医药知识。佛教传入后，在认真总结民间经验方法的基础上，大力吸收中医和印度医学的知识营养，取得了快速发展。据傣文资料记载，傣医药文化发展大体经过了四个阶段。

▲

《傣药经方》书影

第一个阶段是原始时期，这个时候傣族处于原始的采集和狩猎阶段。傣族先民在分食野果、猎捕禽兽的过程中，逐渐发现了一些动植物的治疗和保健作用。在这个时期，食药同源，“药”也是无方、无剂、无量；用法也只有煮、烧、外擦等简单方法。

到了原始社会后期，傣医药进入了神药两解时期。这个时期生产力低下，“万物有灵”的观念深入人心，反映在傣医药中，就是“巫医同源，神药两解”。“求神驱鬼”成为治疗疾病的主要手段。而当求神无用时，人们才去寻医问药。直至今天，傣医在行医时仍然保留着原始宗教的习俗，如念咒止血等。在此阶段，以八大名医各自所创造的“八大药方”最为著名，傣医药陆续出现了单方、小方（二至五味药）、大方（多味药）等。

到了傣族封建社会发展时期，傣医药进入了发展的“黄金时代”。佛教的传入，促使傣族创造了傣泐文。文字的出现，为傣医药的传播和普及提供了载体，大大促进了傣医药知识的收集整理以及交流和发展。当时记述成册的文献有《档哈雅龙》（医药典）、《阿皮路麻基干比》《萨打依玛拉》《嘎牙桑哈雅》（人体解说）、《解达帕捌答》（心病解剖）、《桑松细典》（医学总论）、《娥西达敢双》（医药教材）、《干比摩录帕雅》（傣医诊断术）等。其中最具代表性的就是《档哈雅龙》。据说是帕雅龙真罕劳从已经失传的傣医药巨著《嘎比迪沙迪巴尼》(傣医诊断书)中摘录编写而成，是一套反映傣族传统医学的综合性巨著。这些傣医药文献的出现，改变了以往傣医药口传面授的传播方式，改用文字长期记录保存，并不断融入新知识、新经验传抄散播，为傣医药的发展提供了更加广阔的天地。这个时期，傣医药又吸收融汇了印度医学和汉族的中医学，其核心理论“四塔”“五蕴”也应运而生。

新中国成立后，党和政府对民族医药高度重视，把傣医药确定为我国四大民族医药之一，从此，傣医药的发展进入了升华期。

▲

《傣方药 四塔五蕴阐释》书影

独特的医学理论——“四塔五蕴”

傣族在长期的生活和医疗实践中，认识到自然界存在着人类生活不可缺少的“四大物质”，即风、火、水、土，风可使万物长，火可使万物熟，水可使万物润，土可使万物生。此四种特殊物质既是世间万物的构成要素，也是构成人体生命的物质生机。后来受佛教的影响，傣医借用佛经中的“四塔五蕴”的概念来形象地解释人体的生理现象和病理变化。“四塔五蕴”理论，傣语分别叫作“塔都档细”和“夯塔档哈”，是傣族成文的医学理论。

“四塔”理论 傣医学成功引入佛教“四塔”的概念，使之与人体生命现象联系起来，把人体器官各部分和生理活动分别归为四个“塔都”(即四塔)：“巴塔维塔都(土)”“阿波塔都”(水)、“爹卓塔都”(火)、“瓦约塔都”(风)。傣医学认为：人体要健康，就要保持“四塔”之间的相对平衡和协调，“水”不足，“土”就会干燥，“火”就会过旺，就要补“水”护“土”。同时，体内“四塔”保持平衡时，也要与外界保持协调关系，如天冷添厚衣，天热多饮水等等，只有这样才能保证“四塔”运行正常而不发病。正所谓“四大合和，生机旺盛”，“四大各离，百疾丛生”。

“五蕴”理论 “五蕴”在佛教中是色、受、想、行、识的称谓，傣医在长期的医学实践中，借用并升华了“五蕴”的理论来解释人体生理和思维意识行为。认为人体内除了“四塔”外，还蕴藏着另外五种元素，即人体内五种精神性的东西，即“五蕴”：

“鲁巴夯塔”（形体蕴）、“稳然纳夯塔”（心蕴）、“维达纳夯塔”（感觉蕴）、“先牙纳夯塔”（知觉蕴）、“山哈纳夯塔”（组织蕴）。

五蕴包括了人体的各种器官、感觉、知觉、思维、表情等等。傣医根据五蕴分析人体生理与健康或患病现象，探索治病施诊办法。五蕴先天受于父母，后天受“四塔”滋补而发育成熟。由于五蕴与四塔相依互缘，相互为用，四塔为五蕴的种子，五蕴因四塔的协调规律而得以重生，因此，傣医学便用“生于种、现于种、种与种”来解释五蕴与四塔的“种子”关系。“四塔五蕴”相互配合，成为了傣族医学理论的核心，并兼有对病因、病理、病变的社会性和个体性的研究运用，认为四塔与五蕴只有相互平衡与协调，人才能健康生活而不发病，否则将百疾丛生。

独创的诊疗方法

经过长期实践，傣医药不仅在理论上不断发展，形成了独具特色的“分塔论治”“三盘”学说、“未病先解，先解后治”的雅解学说、“观风辨病，以病论风”等诊疗理论，而且，在诊断与治疗疾病方面也逐渐积累了丰富的经验，主要形成了“望、闻、问、摸”等多种诊疗方法。在四塔理论的指导下，傣医形成了四类药方：用于医治因风致病的药方——“瓦约塔雅塔”；用于治疗因火致病的药方——“爹卓塔雅塔”；用于医治因水致病的药方——“阿波塔雅塔”，用于医治因土致病的药方——“巴塔维雅塔”。而傣医治病的方法主要分为内治和外治两大类，有时也会内外结合治疗。除此之外，傣医还独创了十大外治疗法，即熏蒸疗法、睡药疗法、洗药疗法、坐药疗法、刺药疗法、搽药疗法、包药疗法、拔罐疗法、拖擦药物疗法、推拿按摩疗法等，这在傣族医药治疗中占据着重要的地位。

孟定民间傣医

特有的傣药采集和使用

傣药特殊辅料——椰树

傣药是傣医药的重要组成部分，主要包括植物药、动物药、矿物药三大类，共计1190多种，其中植物药1068种，动物药（含昆虫类）95种，矿物药30多种。得天独厚的动植物资源，使得傣族地区成为一个“天然药库”。傣医在长期的实践和探索中，逐渐形成了以绿色植物为依托，动植物药为主，矿物药作补充的用药格局。

傣族民间最常用的药材是药用植物的根、茎、叶、花、果等，所以植物药在傣药中极为重要。而动物药不仅药用种数多，而且药用部位也有独到之处。傣药还有特殊辅料以增加药物疗效，常用的有：柠檬汁、盐、清石灰水、淘米水、菜油、椰子汁、露水、钟石乳水等。傣药药性可分为寒、凉、温、热、平五种，药味可分为酸味、甜味、涩味、咸味、苦味、麻味、辣味和辛香味八味。此外，传统傣医认为，根据季节、时间、方位的不同，所采收的药品以及药品的不同部位，都会有不同的疗效。可见，傣医在与疾病和自然的搏斗中，摸索出了独具特色的药物采集和使用方法。

总之，傣医药的理论、诊治疾病方法以及药方药材，具有独特的民族特色和地域特色。如今，傣医药在党和国家的重视下快

具有食疗和保健功能的芭蕉花

速发展。自20世纪70年代开始，国家组织科研人员积极开展傣族医药史籍的收集、整理、翻译、出版，极大地促进了傣医药理论传播和创新。同时，设立特色专科，推广傣医药“睡药”“熏药”“刺药”等特色疗法，并用于临床研究，大大丰富了傣医药的运用领域。广大科研人员和机构努力发掘傣医药的内涵，在继承传统傣医药文化的基础上，与现代科技相结合，坚持创新和发展，力求傣医药取得更大发展，造福于人类。

药用花卉

具有保健功能的菠萝蜜

傣家药食同源的刺五加

药用花卉

知识链接

“塔都档细” “塔都”，巴利语，意即“元素”“要素”等；“档细”，傣语，意即“四”。“塔都档细”意为“四塔”。

“夯塔档哈” “夯塔”，巴利语，意即“蕴”“诸蕴”等，“档哈”：傣语，意即“五”。“夯塔档哈”意为“五蕴”。

四种“火” 分别为“温哈给”（消化受纳之火）、“巴基给”（生长发育之火）、“基拿给”（生命之火）和“基腊拿给”（体温之火）。

曼召

第五章 手工技艺保护传承

千百年来，傣族先民们日出而作，日落而息，为了适应生存环境，为了自身的发展，他们用智慧创造了独具特色的傣族文化。其中，制陶、造纸、织锦、剪纸、竹编、贝叶制作、象脚鼓制作等手工技艺是最具魅力的文化现象之一，具有深刻的文化内涵。这些古老的技艺，从远古一路走来，代代相传，保持着顽强的生命力，既浓缩了一个民族的历史，也构建了文化认同的精神家园。特别是贝叶的制作与刻写，使贝叶经成为傣族传统文化的主要载体和百科全书，从而被喻为“运载傣族历史文化走向光明的一片神舟”。

慢轮制陶——古代制陶术的活化石

追根溯源

傣族创世史诗《巴塔麻嘎捧尚罗》的第十三章“人类大兴旺”的第九节“制造瓷器陶器”中，神对桑木底说道：“人每天吃饭，人每天喝水，没有碗和锅，用什么来装？叶片太软了，树皮太脆了，装不了汤水，快用土做碗。水边有黑土，水边有黄土，黄土和黑土，是大地的污垢，人哪去取来，用它捏‘万’（傣语：碗），用它捏‘莫’（傣语：锅），用它捏‘盎’（傣语：土盆）。”经过神的指点，桑木底让众人取来泥土捏制土碗、土锅和土盆，形状有圆的、方的和筒状的，但这些刚做好的陶制品却无法使用，因为它“被水吃啦，随水跑啦，端着也重”。于是，神再次指点众人：“如今土做碗，也得晒干后，再用火烧它，使土变硬，使碗变硬，装水水不吃，人用也好用，这叫作‘贡万’

修整底部

（傣语：烧碗），这叫作‘贡莫’（傣语：烧锅）。从那时候起，人学会捏碗，人学会烧锅，一代教一代。”从史诗对傣族先民制作陶器的生动描述中，可以看到他们早在帕雅桑木底时代，为了满足日常生活的实际需要而开始制作陶器，并在不断的实践当中掌握了制陶技术。因此，傣族的制陶历史极为悠久，至少可追溯到4000年前。明朝《百夷传》中也记载：“民间器皿瓶、盆之类，唯陶治之。”这再次印证了傣族民间自古就多以土陶制品作为炊具和生活用品。时至今日，傣族仍保留着新石器时代原始制陶技术的特征，被誉为人类制陶工艺的“活化石”。

▲ 圣水壶

慢轮制陶

◀ 土陶茶罐

制陶在傣语中叫“板磨”，俗称“土锅”。傣族制陶多采用慢轮制陶技术，所谓慢轮是相对于快轮而言的。最为常见的快轮制陶是利用陶轮高速旋转产生的离心力很容易拉坯成型，使制成的陶器匀称规则，能满足大批量生产。而慢轮是一个旋转方便的制陶平台，操作者一般是用脚轻轻拨动转轮，这样能很容易改变自己与陶坯的相对位置，待加工完一个侧面，就可以很方便地将其他面转到自己面前。与此同时，操作者左手持卵石衬在陶坯内部，右手持木拍在外击打，双手配合着对陶坯进行塑造，提高了工作效率，而且内外合力也可以保证器型更为规则和美观。慢轮制陶要使陶器成型，必须依赖手工捏塑、盘筑、贴筑等方法，因为它只是修整工具而不是成型工具。因此，傣族慢轮制陶最突出的特点是泥条盘筑、慢轮手工制作。

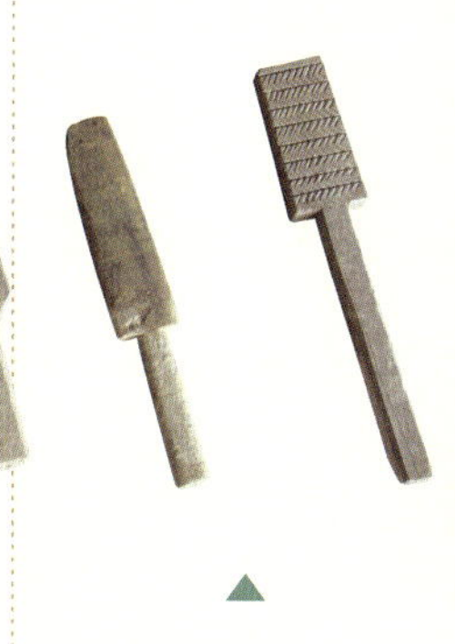

▲ 制陶工具

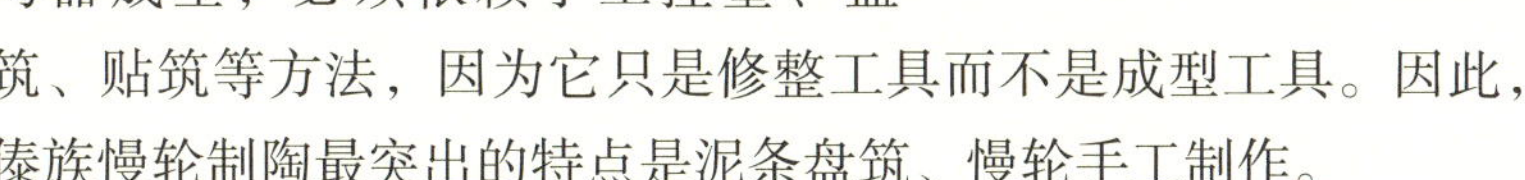

慢轮制陶以泥土和沙石为主要材料，此两种材料具有改善成型性能的作用。从制作过程看，包括选土、舂土、筛土、拌沙、和泥、揉制泥料、安装转盘、制坯、打坯、印花、晾晒、

傣族慢轮制陶技艺传习所

烧陶等环节，工具有陶轮、木刮刀、木拍、竹刀、鹅卵石、布片、模板等。慢轮制陶焙烧方式以露天焙烧和半封闭焙烧两种方法为主，成坯方法也从无转轮制坯发展到了脚趾拨动慢轮或手拨动转轮的方式。制作出来的陶器种类繁多，有挑水、储水的土罐，煮菜、烧水的土锅，作为饮盛器皿的茶壶、茶罐、酒壶、土碗，贮存粮食和茶叶的储存器，以及吉祥物（动物、人物雕像）、佛寺用品（烛台等）和佛寺屋脊的装饰物（大象、孔雀等造型）等。所以，陶器按其用途还可分为生活用具、建材、赕佛用品等种类。

千百年来，傣族所传承的传统制陶术，已成为了傣族传统文化的标识之一。过去，传统制陶工艺的传承，一般以婆传媳或母传女的家庭传承方式为主，从准备选土、挖土、制作陶坯、烧制陶器直到最后出售，均由妇女来完成。整个陶场上皆无一个男人，烧窑时更不许男人看见，据说只要男人看到后，陶制品就会被烧裂，导致前功尽弃。因此，从这些现象中可看出傣族先民们按照性别自然分工的痕迹。时至今日，傣族妇女仍然在延续着这一古老的传统，并肩负着传承手工制陶技术的责任，将这一技能传授给下一代女性，但这种分工已没有严格的界限，男人们也开始参与其中。

慢轮制陶能够在傣族生活中得以传承和保留下来，一方面是因为傣族群众日常生活需要陶器，另一方面与宗教信仰密切相关。从日常生活来看，制陶是人类普遍的造物活动，而慢轮是新石器时代人类在学会了用手捏制陶坯的捏塑法之后发明创造出来的制陶技艺，用这种方法制造出来的陶器，器壁厚薄均匀，外形美观、实用。在日常生活中，陶器主要用作煮饭、煮菜、煮茶、储存粮食等生活用具和装饰品。例如圆底罐，形态特征像蛙腹，主体近似于球状体，容量大，使用方便，不仅在功能上满足了人们对容器容量的需求，同时给人以一种饱满厚实，充满生命力的感觉。

▲

挑水的土罐

从精神生活来看，傣族是一个信仰佛教的民族，宗教在人们生活中具有重要作用，影响着傣族社会生活的各个方面。第一，陶器是土和水创造出来的合成物，它的成型不仅提供了物质载体，而且融入了主体精神信仰的因素。以原始宗教崇拜为核心的仪式过程使陶器从一元使用功能的日用器皿转化为了宗教仪式上多元化精神意义的供品，这也是陶器的制作及其内涵的变迁过程。第二，慢轮陶器中出现了南传上座部佛教纹样的装饰，在傣族地区，“五树六花”象征着吉祥，圆满。其中菩提树、高榕、贝叶棕、铁力木、莲花和无忧花是佛教的礼仪植物，被广泛应用于陶器装饰上。另外，白象神是傣族的创世神、始祖神和守护神，是风调雨顺、五谷丰登、和平安宁的象征，因此他们也会用象纹作为陶器装饰。第三，慢轮陶器是人神沟通的媒介，被普遍应用于佛寺和佛事活动中。傣族妇女通常会将自己制作的土陶马、土陶牛等供奉给佛寺，祈求消灾平安，成为了人神沟通的宗教用品，充当了与神圣世界沟通的媒介，具有了超越世俗的神性，对傣族个体行为也起到了教化作用。并且他们认为陶器是佛事活动中必不可少的物品之一，日常生活中的一切行动，都与佛祖的庇佑密切相关。

傣族慢轮制陶除满足日常生活和精神生活需要外，还具有丰富的社会文化价值，这不仅体现在古老的手工制作方式和工艺流程上，而且还体现在傣族的生产生活中，深刻地反映了傣族传统生活方式及其变迁，并代代传承，成为了一种文化记忆的载体，从而构筑了傣族群体所独有的文化表征系统。

知识链接 **泥条盘筑** 一种较为古老的陶器成型方法。制作时先将泥料搓成长条形，以螺旋式的方法由下而上盘筑成器身的主体部分。

传统手工造纸

造纸历史

造纸，是中国古代科学技术的四大发明之一。自公元105年蔡伦发明造纸术以来，距今已有1900余年的历史。当我们在考察中国传统造纸技术史，尤其是远古时期的造纸技术时，傣族的手工造纸无疑是一个最好的“活化石”例证。因为时至今日，生活在云南西双版纳勐海、耿马孟定以及澜沧上允等地的傣族，还延续着东汉时期蔡伦所发明的手工造纸的完整工序，他们世代传承着古老的造纸技艺，亘古不变。为此，这一古老的造纸技艺曾先后被列入国家级、省级和州级非物质文化遗产保护名录。

漂洗构树皮

晾晒纸浆

曼召村传统手工造纸

西双版纳傣族曼召村的传统手工造纸，可谓傣族传统文化中的一朵奇葩，是傣族祖先留给后人的珍贵文化遗产。据当地传说，傣族的造纸历史已有800多年，一直延续至今。傣族最早用于书写的“纸”即贝叶，是用棕榈科植物贝多罗树的叶片加工而成；另一种纸则是用构树皮做原料加工而成的，即傣族传统手工造纸“嘎拉纱”。构树，傣语称作“郭纱”，是曼召村造纸所用的材料，属桑科构树属，是速生阔叶、落叶乔木，别名构桃树、楮树、沙纸树、谷浆树等，可高达十几米，树冠圆形或倒卵形，树皮平滑，浅灰色，全株含乳汁。树叶呈阔卵形，边缘有粗齿，叶面有绒毛，果实橙红色球形。构树适应性很强，生长快，耐修剪，抗污染性强。树皮富含纤维，柔韧性强，可用于缆绳制作，同时也是造纸的上好材料。曼召村的手工造纸工艺共分为“浸泡、蒸发、捣浆、浇纸、晒纸”五步流程，以及“采料、晒料、浸泡、拌灰、蒸煮、洗涤、捣浆、浇纸、晒纸、研光、揭纸”十一道工序，与汉文史籍记载的汉代造纸工艺十分相似，完整地保留了我国古代造纸术发明初期的制作工艺。这既是我国目前所能见到的最为原始的造纸术之一，又是中国造纸技术史上一项重大的技术革命，具有很高的研究价值。

捶打纸浆的木槌与木墩

一直以来，这项古老的造纸工艺都在家庭作坊中进行。每年农闲的时候，村民们便开始采集生长在村寨周围或栽种于自家房前屋后的构树皮，用传统手工方法造纸。造纸所用的工具和设备主要有：水泥池、铁锅、打浆机、装纸浆的橡胶桶、搅棒、木槌、揭纸竹片、绷上纱布或尼龙网的抄纸框等等。造纸大都由妇女担任，她们的技术没有太多的保留。只要有空闲时间，任何家庭成员都可以参与和学习造纸。所以，曼召村手工造纸技艺的传承主要是以家庭或家族中长辈对晚辈的言传身教为主，同辈间相互学习与借鉴也很普遍。一般而言，手工造纸技术好的人，人们会向其讨教，她们也很乐意毫不保留地传授。为此，受到人们的尊敬，极有利于技艺的传承和教授。所以，这里的傣族妇女用她们勤劳灵巧的双手，不仅充分地展示了她们的才能，为家庭增加了收入，而且为传承古老的傣族手工造纸技艺做

孔明灯

出了贡献。

曼召村适宜种植水稻、茶叶、甘蔗、亚麻等农作物，村民们的收入主要以粮、糖、茶为主，造纸、打瓦等为辅。目前，曼召村的手工造纸规模较大，全村180多户人家，大约有150户在造纸。最初，手工造纸的目的是用于佛寺里抄写经文典籍、土司公文、任职文书以及民间祭祀等等。如今，其用途更加广泛，用于抄写佛教经典和各种赕佛活动、绘画、剪纸、制作孔明灯、高升、油纸伞、手工艺品、礼品盒、相框、相册、纪念册、笔记本和舞蹈表演用的动物模型、传统丧葬用纸和茶叶包装等等。从外表看，傣族的构皮纸似乎粗糙不光滑，但构皮纸却有着自己的独特之处：它不仅柔韧性强，无毒、透气、吸水、耐磨、耐用、不易破损，时时散发着一股淡淡的特殊木香味，而且保存时间长，可达数十年甚至上百年。在曼召村的展示厅里，陈列了各种各样的构皮纸制品。其中，用构皮纸制作的保存了数十年的经书，外表看起来似乎有些陈旧，但里面的纸质仍完好无损，字迹清晰可见，仿佛岁月的流逝并未在此留下痕迹。

云南省文化惠民示范村——曼召村

近年来，曼召村大力发展手工造纸技艺，不仅让这项传统的民间工艺文化得到传承和弘扬，而且村民们的经济收入大幅增长，生活水平显著提高，走上了致富之路。曼召村引入了先进的技艺和营销理念，通过改进工艺，新增了制作鲜花纸、封面纸等工艺，使得手工纸和手工纸工艺品更加丰富多彩，具有浓郁的傣族文化特色，吸引了国内外的专家、学者、客商及游客纷至沓来参观、考察和订购，颇受市场欢迎。曼召村也因造纸而名声大噪，获得了许多荣誉。2006年，被列为西双版纳州新农村建设试点村；2008年，获云南省省级文明村称号；2010年，被列为“云南省文化惠民示范村”，同时也被西双版纳州和勐海县确定为旅游特色村。

▲房前屋后晾晒的抄纸架

随着普洱茶在全国各地的热销，植根于勐海这个著名的中国普洱茶之乡的构皮纸，便注定与普洱茶有着一种天然的特殊联系。曼召村手工生产的构皮纸因其自身的优越特性，被勐海茶厂选为普洱茶包装纸后，引起了人们的普遍关注和高度重视，各地茶商们纷纷仿效，构皮纸的需求量和价格顿时大涨，曼召村的构皮纸基本上都被商家买去包装普洱茶。最近几年，勐海的茶叶深加工企业不断增加，成为了中国普洱茶第一大县。巨大的普洱茶市场，让傣族传统手工造纸和普洱茶相依相存，共同发展，普洱茶产业对构皮纸产业的带动作用是极其明显的。2011年底，曼召村成立了“曼召傣族传统手工造纸合作社”，村民们正在从这项古老工艺中获益。

走进曼召村，昔日的竹楼已不复存在，取而代之的是现代化的傣家砖瓦楼。在这个纸的世界里，妇女们忙碌的身影随处可见。宽阔的道路两旁以及房前屋后的空地，处处可见两两搭在一起的抄纸架。抄纸框内，洁白的纸浆均匀地分布着，淡淡地散发着阵阵构树的香味……

贝叶制作技艺

贝叶制作传说

相传，很久以前，有一个傣族小伙子为了寻找光明，辞别了他的未婚妻到远方，他们每天都要给对方写一封信，把字刻写在芭蕉叶上，并由一只鹦鹉为他们传递。随着小伙子的走远，芭蕉信尚未到达便枯萎了，字迹也不清楚了。有一天，小伙子在森林中发现了一种棕榈的叶片，由于昆虫啃食叶肉而在叶片上留下清晰的纹路。小伙子受到启发，于是把文字刻在棕榈的叶片上，虽经多天的传递，字迹仍完好如初。

这便是广泛流传于傣族民间的在贝叶棕的叶片上刻写文字的“绿叶信”传说，从此，贝叶也就象征着“光明”与“爱情”。

贝叶，傣语称“戈兰”，是一种热带植物，四季常青，形状

刻贝叶的小和尚

像棕榈树，挺拔伟岸，直耸云天，叶子肥厚宽大，质地细密，叶子下部有许多被砍剩的叶柄，犹如一层层攀援而上的阶梯。在释迦牟尼创立佛教的时代，贝叶是古印度的重要书写材料，印度佛教经典被刻写在贝叶上，因此，印度的佛经称为贝叶经。

贝叶经源于印度河流域。佛教传入中国，贝叶经随之传入了西藏、青海、四川等诸多地区，然而，贝叶树是一种热带植物，只能生长在气候温暖的热带地区，因此贝叶经没有成为这些地方的文化传统。而云南的西双版纳和德宏等傣族聚居地区却不同，这里的地理气候条件不仅适宜种植贝叶树，而且傣族信仰南传上座部佛教，佛教文化已植根于傣族社会生活之中，故成为了贝叶经盛行之地。

知识链接 **贝叶** 又称贝多罗，梵语pattra的音译，属棕榈科类，学名叫“贝叶棕”，人们通常称为“贝叶树”。

傣族的贝叶经是指用铁笔刻写在贝叶上的佛教经文和记录傣族社会历史、生产生活和文学艺术等方面的典籍，是傣族先民们用来记录本民族文化的重要载体。贝叶经作为一种刻在树叶上的文化经典，是世界文化宝库中的璀璨明珠，它丰富多彩的内容，构成了中华文化中极具特色的地方性民族文化。

制作工艺

在西双版纳，贝叶作为书写载体较为普遍。而制作贝叶经所需的材料和工具多就地取材，主要有贝叶、铁笔、垫板、红漆、金粉、弹线弓、木尺、压经夹、锅底黑灰油墨、锯末或谷糠、削刀、酸角或柠檬或酸叶、臭牡丹叶、推刨等。制作流程主要包括采叶、煮贝叶、洗贝叶、修整、压平、弹线、刻字、抹墨、上漆、涂金粉等，具体制作方法如下：

首先取叶片，裁剪成一尺半长、四寸宽的叶片，成捆投入锅中，加酸角叶或柠檬煮沸，酸角叶或柠檬能使贝叶中所含的淀粉和糖分溶出而不受虫蛀、不发霉并对叶片起漂白作用。然后放在水里用细沙搓洗干净、晒压，存放一段时间后打孔，用绳将其穿连成册。晒干、压平的贝叶，每五六百片为一匝捆夹在两片木尺之间，用快刀修光，并用线弓按书写要求的格式在每片上弹上墨线以备用。用一种傣语称为“列章”的铁笔，沿打好的墨线刻写经文，用布蘸植物果油涂在刻好的经文上，再用干净的布擦去植物果油，使刻写的文字更加清晰。最后，用绳子把每10片左右的贝叶穿成一册，在边缘涂上金粉或红漆、墨漆进行保护与装饰，这样便制成了精美的贝叶经。长篇的贝叶经有的多达20多册，配有布包或木盒，不但精致美观，而且能防水、防潮、防蛀，易于人们保存。贝叶经做工精细，规格统一，整个制作过程需耗时一周甚至十余天。由于金粉和彩漆的装饰，往往给人一种神圣高贵、古朴典雅之感。它因用铁笔刻字，涂以颜料后，不仅字迹清晰，而且不易褪色。特别是贝叶经过水煮等特殊的工艺处理后，经久耐用，可以保存数百年。

刻写贝叶

刻写贝叶经是所有佛爷及和尚必须掌握的一项基本技能，僧侣们在寺院里耳濡目染，久而久之也慢慢学会了制作贝叶经的技艺。在傣族地区，入寺为僧的都是男子，所以掌握这项工艺的也自然都是男子。由于制作贝叶经工序复杂、费时，经济效益低，随着社会的发展、商品经济的冲击以及各种思想观念的影响，年轻人大多不愿意学习制作贝叶经，他们更愿意选择更加新潮轻松的生活方式，因此擅长刻制贝叶经的艺人越来越少，导致面临着后继乏人的窘境。

知识链接 **列章** 一种特制的铁笔，笔杆为一根小长圆木，顶端镶有一块尖铁块。

织锦——傣族纺织中的奇葩

傣族织锦，是一种流传于傣族地区的民间工艺品，其历史悠久，工艺精湛，品种繁多，绚丽多彩，富有浓郁的民族风格，并反映着傣族农耕社会的早期面貌。傣族信仰佛教，崇拜祖先，崇拜自然界的各种神灵，表现为多元化的精神信仰。他们利用五彩斑斓、丰富多彩的织锦，组成各式各样供奉神灵的图案，与神灵沟通，因此，织锦图案也成为了人与各种神灵沟通的重要纽带。特别是傣族传统织锦的历史与文化，体现着傣族人民的生命力与创造力，见证着傣族纺织的历史发展足迹。

织锦历史

傣族织锦技艺传习所

傣族是越人后裔，其先民的纺织技艺源远流长，越王勾践"使国中男女，入山采葛，以作黄丝之布"。一次献给吴王的葛布，达十万匹之多。唐宋时期，傣族先民承袭了越人善于纺织的传统，织锦技艺已形成和达到一定的规模。唐朝与东南亚、南亚、西亚、中东地区之间的贸易往来频繁，更加促进了傣锦的大规模生产；宋元时期，被称为"金齿百夷"的傣族先民种桑养蚕，以丝织锦，质地细软，色泽光润。明朝，德宏傣族的"兜罗锦""干崖锦"以及西双版纳等地傣族的"丝幔帐"和"绒锦"闻名遐迩，因其质地考究，富贵华丽，曾作为献给朝廷的贡品。相比较而言，德宏地区养蚕较早，《景泰云南图经》载：干崖"境内甚热，四时皆蚕，以其丝染五色织上锦充贡"，因此织锦多以丝来织。德宏傣锦多采用菱形几何纹样，常在一个菱形纹样里，把亮度相同的红、白、浅黄、橘黄、翠绿、艳蓝、紫等色相配统一在一个浓黑的底色里，给人以热烈、鲜明、富丽、光彩照人之感。而西双版纳傣锦则以棉织为主，纹饰除几何纹外，融入了许多反映地方风俗的具体形象，如日、月、大象、孔雀、马、人物、花草、树木、龙、佛寺建筑、龙舟等。这些具体形象纹样，经过傣族艺人的精心处理，与几何纹样有机地结合为一体，形成了西双版纳傣锦独有的形象突出、简洁、自由的特点。

工艺流程

织锦的工艺流程有备料、弹花、卷筵、整经、上机等环节，工具主要有纺具（手摇纺车）、织具（梭、打纬刀等）和织机。

织机

织锦一般包括织棉和织麻，织棉虽然没有织麻的工序繁杂，但也要经过晒棉、去籽、弹花、卷筵、纺纱、上浆、绕团直至纺成棉布。织锦时，先要构思图案，用棉线制作“纹版”，然后在木架式织机上按照“纹版”的样式，安排不同颜色的经纬线，就能织出图案多样、色彩丰富的傣锦。傣锦品种繁多，按材质可分为丝锦、棉锦、丝棉混合锦、麻丝混合锦、麻棉混合锦等；按花色可分为朴素大方的素锦、色彩醒目的朱锦和五彩斑斓的花锦。

图案与色彩

傣锦的图案极其精美，强调图案的对称与协调，冷暖色对比强烈，色彩艳丽夺目、欢快明亮和五彩缤纷。常见的图案纹饰有动物纹（象脚纹、大象纹、象鼻纹、孔雀纹、菩提双鸟纹、龙纹、凤纹、麒麟纹、狮子纹、虎纹、龟纹、螃蟹纹等）、植物纹（蕨菜芽纹、树叶纹、芭蕉花纹等）、几何纹（正方形纹、菱形纹、八角形纹等）、神兽纹、房屋建筑纹、文字纹、人形纹等。

所以，傣锦的装饰纹样可谓丰富多彩，把自然物象加以高度概括，大胆变形，简练生动、含蓄，耐人寻味。另外，图案的组织形式主要有单独式纹样和连续式纹样，连续式又分为二方连续和四方连续。

在色彩的运用方面，傣族崇尚红、白、黑等色，因红色是暖色，代表阳光，表现光明。黑色是冷色，象征庄重、朴素。故织锦以红白黑色为主，间之以黄、蓝、紫等色参差点缀。颜色古朴厚重，斑斓多彩，华而不俗，素而不单，给人以明快、活泼与生机，耐人寻味。因此，独特的色彩和纹饰构成了傣锦的独特风格，无论从内容还是形式上来讲，傣锦都可以看作傣族生活与文化的缩影。

傣族织锦艺术根植于傣家人的智慧和勤劳中，积淀了独特的艺术文化。他们自种棉花自纺纱，自己织布自绣花，从种桑、养蚕、缫丝，种棉、纺线、拧线和把丝线染成各种颜色再精心编织，织锦的每一道工序都凝结了傣家人的心血和汗水。

▲

傣锦

内容与用途

在当今社会，傣族织锦艺术久负盛名，有着极高的使用价值，在傣族的社会生活中具有十分重要的意义，人们的衣食住行等物质生活和鬼神崇拜、宗教信仰等精神生活，都与傣族织锦密切相关。如在日常生活里，织锦主要用于制作挎包、裙边、被面、床垫、床单、垫褥、枕顶、壁挂、桌布、香囊等。在精神生活层面上，赕佛是傣族群众生活中不可缺少的重要组成部分，虔诚的信徒们每年都以不同的方式向佛祖、佛寺捐赠钱物和供品，以此行善积德。人们供奉供品越多，越容易得到众人的尊敬和爱戴。而佛寺里用来祭祀佛祖的织锦——“佛幡”，是一种以红、黑、白棉线混织而成的，具有佛教文化内涵和宗教色彩图案的织锦。佛幡作为祭祀赕佛的宗教用品，具有美化、装饰佛寺的功能。赕佛活动结束后，将其悬挂于佛寺大殿的左右两侧，被傣族视为死后“灵魂通向天堂佛国的阶梯”。

展示妇女智慧的平台

在傣族的劳动分工中，纺织毫无疑问地专属于女性，它不仅是性别认同的标志，而且在傣族的传统观念中，纺纱织布是衡量

▲

傣族妇女织布

一位女性是否能干、贤惠的标准之一，甚至会影响到年轻女性今后是否能找到如意郎君，正如风俗歌中所唱："十一岁会织棉纺线，十二岁会摇动纺车，十三岁会做针线活计，十四岁会缝衣，十五岁会织布，十七岁心灵手更巧。"所以在过去，纺织是每位傣族姑娘必备的本领，母亲或女性长辈肩负着对女孩子进行纺织教育的重任，对不同年龄段的女孩传授不同的内容，但真正上机学习纺织一般都要到11—14岁。女孩子天生耐力强，又具有勤奋好学的特点，她们从母亲或其他女性长辈的言传身教中，日积月累，经过刻苦钻研和不懈努力，逐渐掌握纺织技能。学习织锦的过程，主要是模仿过程。模仿是姑娘们学习织锦的重要方式之一，是原始的、有效的传承方式，以长辈的织锦实物为参照，通过家长或长辈的口头传授，经过长期的模仿学习，从形式到结

知识链接

兜罗锦 "兜罗"即今傣语"吨留"木棉的转音，兜罗锦即木棉锦，是德宏傣族的一种织锦。

干崖锦 今德宏盈江产的一种丝质五色土锦。

丝幔帐和绒锦 明朝车里（今西双版纳景洪等地）、老挝、八百（今泰国北部清迈、清线一带）、威远（今景谷县）、孟养（今缅甸密支那）等傣族先民上贡给朝廷的礼品之一，清乾隆《腾越州志》对此种精美的织锦作了这样的描述："摆夷妇女有手巧者，能为花卉鸟兽之形，织成锦缎，有极致者也。"

构，从规则到内容等进行创新，在模仿中寻求新的纺织技术和方法。总之，傣族女性以勤于纺织、刻苦训练来要求自己，她们把自己对真善美的向往，融入傣锦经纬的丝丝缕缕之中。尤其是采用不同的色彩图案以不同的经纬线编织而成的傣锦，制作难度更大，堪称傣族女性智慧的象征。精致美观的傣锦，不仅体现着织锦人的心灵手巧和勤劳技能，也体现了傣族女性丰富的想象力和创造力。

剪纸——人、佛、自然的交融

傣族剪纸是我国民间艺术中的瑰宝，随着佛教的传入而萌生，也因佛教的发展而壮大，呈现出人、佛、自然交融的特点。它具有鲜明的民族特色和浓厚的生活气息，具有深厚、博大、多姿的艺术特点。今天呈现于我们面前的傣族剪纸艺术不仅有着绵延千年的历史传统，而且融入了深厚的文化底蕴。

起源

傣族剪纸历史悠久，在贝叶经及一些流传千年的古叙事长诗中，都提到了用树叶刻成图案供奉佛祖的情节。在纸张普及以前，以布为主要材料剪刻图案。随着纸张的广泛运用，剪纸起源于祭祀所用的纸幡。乾隆三十二年（1767）周裕《从征缅甸日记》中载："'宛顶'（畹町）到木邦，沿途见佛塔无数……塔内唯有佛像而已……崇尚佛教，每至大村寨，或土司所居，必有缅寺，浮图，上悬白纸幡竿。"说明此时剪纸已普遍用于佛塔佛寺中，并在佛教文化和中原文化的影响下逐步充实和发展。

▲

舞动的佛幡

内容题材

傣族剪纸内容丰富，题材广泛，大多取材于生活，有人物；有飞禽走兽：白象、孔雀、蝙蝠、狮子、马鹿、麒麟等；有花鸟

知识链接 **"幡"** 西双版纳傣语称"幢"，德宏傣语称"幌"或"焕"。"幡"是指用竹竿挑起来直挂的长条形旗子，"幡"有成对配置用于悬挂在佛寺大殿内的幡、佛寺外的长旗幡和小旗幡三种。傣族佛教徒认为，幡是通向佛国的阶梯，也是傣族佛寺的一种标志。

佛幡

虫鱼：荷花、玫瑰花、菊花、茶花、杜鹃、犀鸟、芭蕉、石榴、蝴蝶、游鱼等，以及直接反映宗教内容的寺庙、佛塔佛像、佛经故事等。这些剪纸作品从不同的角度反映了傣族人民对生活的赞颂以及追求理想的美好愿望。

傣族剪纸色彩浓厚，形式多样，造型别致，主体突出，构图饱满，生动耐看，尤其以金纸剪成的作品非常光彩华丽，形成了傣族特有的艺术风格。纹样不仅有植物和动物，还有抽象纹样月牙纹、原点纹、三角纹、菱形纹、直线纹、波状纹等。纹样不是简单地模仿自然，而是做了大胆的想象和改造。各种纹样强调本身的特征并加以取舍，使图案造型更加典型感人。虽受传统文化的影响，但是长期以来经过不断的发明和创造已形成了富有傣族特色的传统图案。其构图生动完整，自然灵活，富于变化，有规则对称的图案和自由的均衡纹样。图案造型层次分明、形象生动、丰富多彩，一图多景，一幅画面中的虫、

剪纸图案

草、禽、兽、人物等各有自己的文化内涵，但又融为一体。整体图案富有情趣和意境，引人入胜。每一种题材的图案结构在纹样布局、疏密关系和空间安排上都极为巧妙。民族风格浓郁，是民族图案的基础和精华。

工具方法

剪纸工具主要有尖、利、仄、薄特点的剪刀和刻刀，以及有稳、钻、灵、活特点的凿子和锤子。制作方法有“剪”与“凿”两种，剪可以随手便剪，不需要稿样；凿则需要稿样，按样来凿。傣族剪纸具有写实为主，装饰为辅的工艺特点，形象生动，粗犷有力，力求表现形象的真实感，使人从中获得美的享受，感受到生命的活力。

应用范围

剪纸在傣族的社会生活中占有重要而特殊的地位。人的生老病死、各种节庆都离不开剪纸。剪纸反映出了傣族人民的历史文化传统、审美观念和民族精神。作为一个信仰佛教的民族，傣族崇拜佛、信仰佛，把佛作为生活的精神支柱。在他们看来，剪纸是一门简易实用的技艺，是一种最方便、最及时向佛祖传达意愿的方式，因此，傣族剪纸除了普遍用于日常生活中外，多用于宗教场所和宗教活动中。

傣族妇女剪纸

在日常生活中，如节日彩棚、演出道具、戏台、戏服的装饰、孔雀舞的服装、丧葬仪式的装饰等普遍使用剪纸图案；

宗教仪式中，剪纸多用于祭祀树神、寨神的幡杆等；

佛教活动中，佛塔、佛寺、佛龛、佛伞和佛事活动中剪纸更是不可缺少的。如傣族的佛塔旁、村寨边上都竖立有用剪纸制作的幡竿；佛寺的各个角落布满了剪纸，如梁柱间的佛幡、佛伞、挂灯、吊幢、壁面、窗框、顶梁等处，佛像前的纸花，敬献佛的礼品上，佛龛等都装饰有剪纸；每个家庭中都有一个四周用各种剪纸装饰的小佛龛；每当举行二佛爷晋升大佛爷的升任仪式时，佛爷必须戴上用剪纸糊成的冲天纸盔，众人叩拜祝贺。这些宗教活动和宗教场所中装饰的各式各样的剪纸，是由信徒们精心制作后，从四面八方送入佛寺以表诚意的。

传承方式

傣族剪纸的传承方式主要以家庭、地域和视觉为主。家庭传承是一种内部的技艺传承，包括晚辈向长辈学习，也包括同辈之间的互相学习，是一种最为重要的传承方式；地域传承是指同一地域的剪纸作品内容、风格、题材等方面具有相似性，这种传承由于地域范围的限制，很少受到外来文化的冲击和影响，因此保留较为完好，但同时因这种地域限制也会阻碍互相交流与借鉴，制约了剪纸的创新和发展；视觉传承是指学习者对自己看到的复

知识链接 **金水漏印** “金水”傣语称“滴夯”，全称为“刻版漏印金水图案”，是一种独具风格的傣族民间艺术。它是根据所需装饰部位的大小，用厚纸刻（剪）出各种图案并用它作为模板，将图案用金漆漏印在需要装饰的梁、柱、板面之上。在漏印之前，先要在需要漏印的材料（板、柱、梁）上刷上黑漆，待晾干后再刷上红漆，并在制好了的底板上蒙上模版，用金漆进行漏印，这样印出来的图案便是金水图案。金水图案非常丰富，除装饰在梁柱上外，还广泛装饰在佛寺大殿和戒堂的内墙壁、天花板、门窗、柱以及山花板面上。数十甚至上百种不同的图案，虚实相间，把整个佛殿、经堂装饰得金碧辉煌，富丽堂皇，体现了傣族心目中的佛国天堂。

傣家民间剪纸艺术传承人邵梅罕

剪纸艺术传承人邵梅罕作品

知识链接 **“董”** 分为西双版纳“董”和德宏“董”，西双版纳的“董”，多以色纬起花的棉织品为主；德宏的“董”，虽然兼用其他工艺品，但主要用金银箔和彩色纸剪贴而成。从剪纸艺术的角度来看，德宏的“赶董”最为可贵。所谓“赶董”者，即有柄的小幡。“赶董”自上而下分成四个部分，傣语分别称为“董贺”“董荷”“董哆”“董夯”。

杂图案进行分解，并在自我创作中，又进行组合。当然，家庭、地域和视觉的传承方式只是相对的，在实际生活中，剪纸制作者往往通过多种途径来学习，从而受到多方面的影响。

在当今市场经济大潮的冲击下，傣族剪纸正走向衰落，越来越不景气。剪纸老艺人逐渐谢世，因收入低微，年轻人大多不愿从事这一行业，所以傣族剪纸的传承面临困境，急需抢救和保护。

第六章 历史名人铸就辉煌

历史是由人创造的，人类的一切活动，共同构成了人类社会的历史。在傣族历史上，曾产生过无数的英雄豪杰和知名人士，有的是民主革命先驱，有的是爱国将领、爱国人士……他们为中国革命做出了不可磨灭的贡献，不愧为傣族人民的杰出代表。中华人民共和国成立后，在党和人民的培养下，各行各业人才辈出，他们当中有的是为云南边疆建设做出突出贡献的民族干部，有的是著名的专家学者、作家、诗人，也有的是舞蹈家和赞哈歌手……

边陲伟男——刀安仁

刀安仁（1872—1913），又名郗安仁，字沛生，云南干崖（今盈江县新城、旧城、弄璋一带）第二十四任宣抚使，中国同盟会会员，著名的民主革命先驱。

青年时期的刀安仁，胸怀大志，一心报国。1891年至1898年间，曾多次号召并领导傣族、景颇族、傈僳族等勇士与英国侵略军展开斗争，驻守铁壁关，保卫祖国神圣领土。1905年，为寻求富国强兵之路，开阔眼界，刀安仁多次赴缅甸、印度和东南亚各国游历考察。1904年从新加坡引进八千株橡胶树苗到干崖新城的凤凰山上种植，为我国引种橡胶之始，因此，刀安仁是云南橡胶事业的开拓者，对发展我国橡胶事业做出了重要贡献。1906年，刀安仁率十余名傣族男女青年东渡日本留学。受民主革命思想影响，投身于革命。同年，他在日本东京加入同盟会，与孙中山、宋教仁等革命党人建立联系，并组织武装起义。之后，他数次变卖家产支持革命，创办实业，兴办学校。1911年10月27日，刀安仁与张文光发动腾越（今腾冲）起义获得成功，成立了“滇西国民军都督府”，刀安仁被推举为国民军第二都督，成为了云南省的第一个傣族都督。1912年初，刀安仁遭人暗算被秘密拘禁，后经孙中山等人的全力营救获释，但因在关押期间，身心遭受严重摧残，于1913年春在北京病逝，享年41岁。北洋政府追赠刀安仁上将军衔，孙中山先生致挽联“中华精英，边塞伟男”，给予刀安仁高度的评价。

刀安仁

刀安仁不仅是一位优秀的民主革命家，同时也是一位实业家、诗人和傣剧创始人。他一生致力于改革土司制度，改革文化教育，反清反帝，报效国家，主张妇女解放。与此同时，大力推行实业计划，开办农场，试种橡胶，建立丝绸厂，兴办学校，发展地方民族工业、民族商业和民族教育事业。在他进行的改革文化教育中，对傣戏的唱腔、道白、配乐、行当等方面进行了改革，为发展傣戏艺术做出了贡献；并组织人将《三国演义》《西游记》《水浒》等名著译成傣文；他所创作的傣文叙事长诗《抗英记》《游历记》，在傣族民间广泛流传，影响极其深远，促进了傣族文学的繁荣发展。

傣族名将——周体仁

周体仁（1893—1954），字善初，中将。云南省景谷县东那村人，毕业于云南高等工业学校。云南讲武堂韶关分校第二期、陆军大学将官班甲级第一期毕业。他骁勇善战，智谋过人，一生致力于国家统一和民族团结，是一位受世人崇敬和爱戴的傣族高级将领。

▲

周体仁

1915年，青年周体仁积极投身于革命斗争。北伐战争爆发后，周体仁在孙中山率领的直属部队某师任参谋长、国民革命军第三军十二师七十团任上校团长。1930年第三军在徐州成立干部学校，周体仁任教育长，1936年任第三军参谋长。西安事变后，第三军调往河北抗日，与八路军协同作战，英勇抗敌。1939年任第五集团军参谋长，1941年7月任第三军中将军长，1944年周体仁调任国民党三十四集团军任副总司令。抗战胜利后，曾任第三十六军军长，旋调任国防部专员。1948年底，被任命为北平警备总司令及第四兵团副司令。1949年1月随傅作义起义。同年6月受邓小平推荐赴云南策动卢汉将军起义，为云南的解放做出了突出贡献。

新中国成立后，周体仁被任命为西南区军政委员会委员、云南省军政委员会委员，并先后担任云南省人民政府委员、云南省参政室第一届主任、省政协第一届委员、第二届常务委员兼秘书长。

1954年1月17日，周体仁在昆明病逝，享年61岁。临终前嘱咐妻子将生前收藏的200多件文物捐献给国家。

爱国人士——刀定国

刀定国（1904—?），景洪市勐养镇曼景坎人。他见多识广，通晓汉语。擅长经商，曾先后到思茅、普洱、昆明以及境外的泰国、老挝等国做生意，经营范围广泛，有盐巴、茶叶、药材等。

刀定国思想开明，曾协助自主武装力量反对国民党暴行，并在解放军进驻西双版纳后，与党和人民站在一起，给予钱、粮等物质方面的支持。人民政权建立后，刀定国积极拥护党的方针和政策，于1961年4月，受到了周总理的接见。他曾先后担任过勐养区区长、版纳勐养主席，西双版纳傣族自治州的第一、二、三届政府委员，以及景洪县副县长、县政协副主席等职。1982年，被选为西双版纳州政协副主席。刀定国作为有思想的爱国人士，为西双版纳的解放和建设做出了不可磨灭的贡献。

爱国人士——刀卉芳

刀卉芳（1921—2001），女，傣名喃巴都玛，系勐海土司刀宗汉之长女，少数民族上层爱国人士。

1950年，西双版纳全境解放，刀卉芳积极参加革命工作，拥护党的方针和政策，曾赴北京参加国庆观礼，并向毛主席敬献贝叶经、普洱茶和民族服装。之后，在1950年12月至1951年1月召开的“宁洱区第一届兄弟民族代表会议”上，宣誓保卫民族团结并表明自己跟党走的立场。她作为思想开明的爱国人士，为宣传党的民族政策，增强民族团结，稳定边疆做出了积极的贡献。

自1955年起，刀卉芳当选为西双版纳傣族自治州政协第二、三、四届委员会委员。1982年，在西双版纳傣族自治州政协五届一次会议上，刀卉芳当选为州政协副主席，并在第六、七、八届州政协连任副主席之职。

▲

刀京版

民主爱国人士——刀京版

刀京版（1899—1966），又名刀保图，云南省盈江县人，干崖宣抚司第二十五任宣抚使，民主革命先驱刀安仁嫡长子。

1942年初，中国远征军入缅抗日，第五军军长杜聿明授刀京版少校军衔，刀京版随军入缅。1942年5月，德宏沦陷，刀京版收容流散的远征军官兵，组建滇西边区自卫军第一路军并被任命为司令。他号召边民开展敌后抗日游击战，并指挥部下配合国民党预备二师在浑水沟抗击日军。1943年，日军占领干崖司署所在地新城，刀京版率部坚持抗战，打击日寇，有效地维护了边疆地区的安全。

1950年5月，人民解放军进驻边疆，刀京版接受中国共产党领导，任盈江县行政委员会主任、县长，后历任保山专区联合政府副主席，德宏傣族景颇族自治区主席（1956年区改州后任首任州长）、云南省人民委员会委员、云南省民委副主任、云南省政协副主席，并当选为全国人民代表大会第一、二、三届人大代表等。刀京版多次受到毛泽东、朱德、周恩来等党和国家领导人的接见。

1966年12月，刀京版在芒市病逝，享年77岁。

一代孔雀舞王——毛相

毛相（1920—1986），云南省瑞丽人，著名的傣族舞蹈家，以表演独特的孔雀舞而闻名海内外。曾任中国舞蹈家协会和云南舞蹈家协会理事、中国舞蹈家协会第五次代表大会特邀代表。

▲

毛相

毛相是土生土长的我国第一位傣族民间舞蹈家和第一代专业舞蹈工作者。1953年在中央民族歌舞团工作，1956年在德宏傣族景颇族自治州民族歌舞团任舞蹈演员。

毛相所表演的雄性孔雀舞以威武阳刚见长，舞姿优美绝伦，动作灵活，形象逼真，技艺超凡，尤其是他那灵动勾人的眼神，摄人心魄，令人叹为观止，成为雄性孔雀舞的典范，被誉为俊美的“雄孔雀”和“孔雀王子”，同时也被人们称为“撒腊弄勐卯”（即瑞丽大师傅）。1957年，在莫斯科举行的第六届世界青年联欢节上，他与同事白文芬表演的《双人孔雀舞》荣获银奖，成为我国孔雀舞表演的艺术大师。1961年应邀参加中国友好代表团随周总理出访缅甸演出，被称为“传递和平与友谊的金孔雀”。

毛相是摆脱孔雀架子道具进行徒手孔雀舞表演的第一人，对孔雀舞的发展做出了重大贡献。他多才多艺，还是一位优秀的象脚鼓手和玎琴手。

1986年8月，毛相在瑞丽市逝世，享年66岁。

傣族诗人和文艺理论家——岩峰

岩峰（1934—2004），云南景谷县人，1956年入党。傣族学者、诗人、民间文学翻译家和文艺理论家，中国民间文艺家协会理事，中国少数民族文学学会理事，云南省民间文艺家协会常务理事，云南省曲艺家协会常务理事，云南省民族学会傣学研究委员会副会长。

岩峰

他自幼便深受傣族传统历史文化的熏陶，先后在西双版纳州文化馆、州赞哈协会、州文化局和州委宣传部等单位工作。1981年调任云南省社科院少数民族文学研究所工作，被聘为研究员。

岩峰早年曾受益于著名散文家李广田先生的悉心指导，这为他日后的创作道路奠定了坚实的基础，从此，诗歌创作进入高峰期。主要文学作品有长诗《我的家乡》《波勇爷爷游天湖》《飞向太阳》《依丹上大学》《花之梦》等六部，以及抒情诗《火颂》《丹格颂》等百余首短诗、组诗，诗作《楠木的呼唤》也在1981年获得全国少数民族文学创作奖，在少数民族诗坛上产生了深刻影响；同时，翻译整理了《流沙河之歌》《相勐》《南波冠》《十二头魔王》《宛纳帕丽》等四部傣族叙事长诗，轰动了当时的文坛。其中，《相勐》荣获1983年“全国优秀民间文学作品”一等奖。

20世纪80年代以来，岩峰潜心研究傣族文化和傣族文学理论，主编《傣族文化大观》、合著《傣族文学史》及《傣族文学简史》等多部学术专著，发表了《佛教与傣族民间文学》《傣族文学理论与傣族文学作品》等30余篇论文。

2004年8月22日，岩峰在创作诗作《花之梦》时突发疾病去世，享年70岁。作为一位极具人格魅力、才华横溢的诗人，在他去世后被赞誉为“人品犹在风云上，诗卷长留天地间”。

傣学专家——岩温扁

岩温扁（1943—2006），又名李正祥，云南省景洪市景纳乡曼桑村人。原西双版纳傣族自治州民族研究所所长、贝叶文化研究中心副主任兼办公室主任，副译审。中国民间文艺家协会、中国少数民族协会会员，云南省民族学会、云南省民族理论学会理事，原云南省民间文艺家协会副主席，西双版纳傣族自治州民间文艺家协会理事长等。

1967年5月毕业于中国人民解放军第一外国语专科学校，之后在边防独立第五团政治处工作。1978年调回西双版纳傣族自治州文联版纳杂志社任傣文主编。1986年9月选送中央民族大学古籍培训班进修，1987年2月调州古籍研究室任主任，1996年6月调州民族研究所任所长，2002年10月退休。

▲

岩温扁译:《巴塔麻嘎捧尚罗》书影

岩温扁知识渊博，长期从事民族历史文化、民族理论、民间文学研究和搜集、翻译、整理工作。出版译著《傣族古歌谣》《巴塔麻嘎捧尚罗》《兰嘎西贺》《粘响》《玉南妙》《傣族民间传说》（合译）等15部；合著《傣族文学简史》《傣族哲学思想史》等4部；曾参与编写了《傣汉词典》《中国少数民族哲学史》等7部书；主编、审订出版了《傣族历史文化漫谈》《傣族南迁考察实录》等22部；在州、省级和国家级刊物上发表单篇译文130余篇，学术论文38篇。其中译著《傣族古歌谣》获全国民间文学优秀作品二等奖；创世史诗《巴塔麻嘎捧尚罗》、长诗《兰嘎西贺》和《中国少数民族哲学史》（合著）分别获得云南省民间文学优秀作品奖和云南省人民政府社会科学优秀成果一等奖。

岩温扁一生贡献突出，多次被西双版纳傣族自治州、云南省和国家授予优秀作者、优秀编审、先进工作者等荣誉称号。1998年被授予“有突出贡献优秀专业技术人才”，2004年起享受国务院政府特殊津贴，2006年被州宣传部授予“弘扬先进文化突出贡献人才”称号。

康朗英著:《流沙河之歌》书影

著名赞哈歌手和诗人——康朗英

康朗英（1908—1977），原名岩英，云南省勐海县象山镇景竜乡人。傣族著名歌手和诗人。中国作家协会会员、西双版纳赞哈协会理事。10岁入佛寺修行，20岁时以优异的成绩晋升为二佛爷。1929年在勐海坝子举行的盛大赛歌会上一举成名，被傣族土司封为“赞哈勐”（管全勐的赞哈），从此成为西双版纳家喻户晓的民间艺人。

新中国成立后，康朗英迸发出创作激情，在《边疆文艺》上发表了第一首新叙事长诗《流沙河之歌》，成为其巅峰代表作。诗中歌颂了边疆的巨变和崭新的生活，表达了傣族人民热爱共产党和社会主义的真挚情感。之后又创作出许多优秀的作品，如：《三个歌手在北京》《澜沧江之歌》《幸福的开端》《一支凤凰飞向太阳》等100多首诗歌，并被翻译为汉语发表出版。他的诗歌，富有民族特色，感情充沛，语言又不失清新生动，在西双版纳广为流传，对傣族当代文化的发展做出了独特的贡献。

康朗甩著:《傣家人之歌》书影

著名赞哈歌手和诗人——康朗甩

康朗甩（1911—2006），云南省景洪市嘎洒镇曼洒村人，著名傣族歌手、诗人。他7岁入寺为僧修行，22岁还俗后便渐渐开始了他的赞哈演唱生涯。因其出色的演唱才能，获得了“赞哈勐”的称号。

1956年，康朗甩到景洪县文化馆工作，专职从事赞哈创作演唱。1957年加入中国作协昆明分会。1959年出席全国文教群英会，1979年出席第四次全国文代会，曾当选为中国民间文艺家协会副主席、全国文联委员，云南省政协委员和景洪市政协副主席。康朗甩通晓傣文，擅长用傣语创作诗歌，著有长诗《傣家人之歌》《从森林眺望北京》《三个歌手唱北京》《森林里的宝石》《欢迎您，远方的客人》等。其中的《傣家人之歌》在继承傣族传统文学的基础上，推陈出新，是一部极其难得的佳作，被文艺界公认为当代傣族文学崛起的标志，在当代傣族文学发展史中占有重要的地位。

2001年，康朗甩荣获中宣部、文化部颁发的中国民间文艺最高奖“山花奖·终身成就奖”，2006年荣获云南省文学艺术“四个一批”人才称号。他对继承和发扬傣族传统文化做出了贡献。

2006年11月28日，康朗甩与世长辞，享年95岁。

著名赞哈歌手和诗人——波玉温

波玉温（1902—1966），云南景洪曼很寨人，傣族著名歌手和诗人。中国戏曲研究会、中国作家协会昆明分会及中国戏剧家协会昆明分会会员，1959年当选为景洪县赞哈联谊会第一副主席。

▲

波玉温著：《彩虹》书影

他11岁入佛寺修行，三年后还俗，曾侨居缅甸。丰富的生活阅历，为他后来的艺术创作奠定了良好的基础。二战时期日军占领缅甸后，波玉温回到西双版纳，仍然坚持唱歌和艺术创作。他创作的赞哈唱词优美感人，歌声动听，因其独特的艺术魅力和成就，1945年被景洪土司封为“赞哈勐”。

新中国成立后，社会制度的巨变和党的民族政策的优越性，成为了才华横溢的波玉温创作的源泉。其代表作有：《傣家人第一次睡得安稳》《万户竹楼一家人》《西双版纳是个好地方》《白花花的澜沧江》《三个歌手唱北京》《彩虹》等百首优秀诗篇。其中，长篇叙事诗《彩虹》出版后，得到了全国文艺界的一致称赞，波玉温因此而成为傣族著名的歌手之一。《彩虹》作为社会主义新文学的优秀硕果，在中国少数民族文学史上留下了灿烂的一页。

1966年，波玉温病逝，享年64岁。

第七章 区域自治 和谐发展

傣族是云南特有民族之一，分布地域较广，人口众多。新中国成立后，为保障各少数民族的政治权利，实现各民族的共同繁荣，党和人民政府在傣族聚居区先后成立了两个傣族自治州和七个多民族联合自治县，从此，傣族人民的政治、经济、文化发展进入了一个新的历史时期。经过60多年的发展，曾经的“荒芜之地”变成了令人心驰神往的美丽傣乡。这里曾被世人冠以多种美誉，如“动植物王国”“物种基因库”“南疆绿宝石”“孔雀之乡”“鱼米之乡”“草果之乡”“芒果之乡”“林海明珠”“香料王国”“边地绿宝石”“龙血树故乡”“现代丝绸之路”“黄金口岸”“天然温室”“哀牢明珠”等等。

今天的傣乡，经济繁荣，生活富裕，生态优良，环境优美，民俗风情浓郁，区位优势明显，发展潜力巨大。

西双版纳傣族自治州建州60周年庆祝大会

西双版纳傣族自治州

鲜花绽放，瓜果飘香，大象在林中漫步，孔雀在湖边沐浴，村民在森林外田野里愉快地劳作，这就是北回归线上唯一的绿洲——西双版纳，一个神奇而又美丽的地方。

自然概貌

西双版纳傣族自治州位于云南省最南端，是云南省下辖的一个自治州。属北回归线以南的热带湿润区，与老挝、缅甸相连，邻近泰国和越南。土地面积近2万平方公里，国境线长达966.3公里。澜沧江纵贯南北，出境后称湄公河，流经缅、老、泰、柬、越五国后汇入太平洋，誉称为“东方多瑙河”。因此，西双版纳既是中国联系东南亚各国的水路交通的必经之地，也是云南对外开放的窗口。作为一个以傣族为主体的自治州，辖景洪市、勐海县、勐腊县和10个国营农场，聚居着傣、哈尼、彝、布朗、拉祜、基诺、瑶和汉等13个世居民族。全州总人口约114万人，其中少数民族人口73万余人，占总人口的77.6%；傣族人口约32万余人，占总人口的34%。

西双版纳是地球北回归线附近保存得最为完好的一片绿洲，以生物多样性，自然资源富集而著称，素有“动植物王国”“物种基因库”“南疆绿宝石”等美誉，拥有热带雨林800多万亩，全州森林覆盖率为78.3%，有植物种类5 000多种，动物种类2 000多种，其中有亚洲象、兀鹫、印支虎、金钱豹等多种世界级保护动物。1993年10月8日，联合国教科文组织正式批准西双版纳国家级自然保护区为国际生物圈保护区。西双版纳还盛产茶叶和橡胶，是享誉世界的普洱茶的故乡，也是我国第二个天然橡胶基地。除此之外，西双版纳热带作物资源也十分丰富，有药用植物920种、油脂植物160种、香科植物200多种、热带水果110多种，还有大量的各具特色、美丽迷人的热带花卉植物。丰富的物产资源为西双版纳提供了良好的发展条件和基础。

西双版纳傣族自治州人民政府

中华人民共和国成立之前，西双版纳曾是令人畏惧的瘴疠滋生之地。由于这里高温又多雨，蚊虫肆虐，致使疟疾等流行病十分猖獗。如今的西双版纳，在党的领导和改革开放的推动下，经济高速发展，人民生活日新月异，昔日的“荒芜之地”变成了令人心驰神往的美丽傣乡、旅游胜地。

人文历史

西双版纳，古称勐泐，被誉为“勐巴拉娜西”，意即“理想

周恩来总理纪念碑

而神奇的乐土"。据《泐西双邦》记载，古代勐泐分为12个邦(部落)。据《泐史》记载，1180年前后叭真统一各部，建立"景龙金殿国"，成为第一世召片领。元朝1284年在此设"彻里军民总管府"，1327年改为"彻里军民宣慰司"。明清设"车里军民宣慰使司"。1570年第二十四世召片领召应勐将30多个勐合并成12个版纳，西双版纳由此得名。

象脚鼓

1950年西双版纳解放，建立了人民政权。1953年，西双版纳傣族自治区正式成立。1955年6月，根据国家宪法规定，把西双版纳傣族自治区改名为西双版纳傣族自治州。1993年12月22日，经国务院批准，撤销景洪县，设置景洪市。自治州形成了下辖一市两县，共有27个乡、13个镇的行政建制格局。

知识链接 **西双版纳民族博物馆** 西双版纳民族博物馆位于景洪市澜沧江东岸依山临江、环境优美的南联山半山坡，建于2010年，占地150亩，建筑面积为1.6万平方米。馆内收藏了大量的民族文物，包括西双版纳13个世居民族的古籍文献、土司（头人）文物、生活用具、生产工具、宗教用品、民族艺术品、碑刻、建筑文物、古陶文物、革命历史文物等，并配以珍贵的图片和文字资料说明，生动地勾勒和呈现了西双版纳古往今来自然与人文的基本风貌。

西双版纳民族博物馆

经济建设

新中国成立初期，西双版纳的生产力发展水平极为低下，自治州建立后，尤其是改革开放以来，西双版纳在农村实行家庭联产承包责任制，打破了旧的管理体制，极大地调动了农民的生产积极性。各族人民在党和政府的领导下，大力发展社会主义市场经济，实现了跨越式发展，农业生产条件得到根本改善，建成高稳产农田83万亩，水利化程度达47%，现代化的农业生产方式和农耕技术取代了传统的农业生产方式。2012年，全州粮食总产45.5万吨、干胶总产30万吨、干毛茶3.2万吨、肉类3.5万吨，汉麻、石斛等新兴产业快速崛起，生物产业总产值达134亿元。

日新月异
新景洪

新大桥

工业在过去是一片空白，建州前只有土机织布、印染、土法酿酒、烧缅瓦、榨红糖和铁木农具制造等家庭作坊式手工业。如今，电力、制胶、制糖、制茶、制药、绿色食品加工、采矿冶炼、建筑建材、小型农具制造等工业蓬勃发展，形成了轻重并举的工业发展格局。2012年，全州工业企业达2 880家，实现工业总产值68亿元。

昔日被称为“蛮荒之地”的西双版纳，没有公路和机动车，交通和运输全靠人力和畜力，而现在公路四通八达，全州32个乡镇街道、222个村委会全部实现道路、电力、通信、自来水、广播电视“五通”；澜沧江·湄公河水道常年通航250吨客货轮，景洪至万象等五条跨境汽车运输线路日益繁忙；西双版纳国际机场

▲

曼听公园

先后开通了国内和国际20余条航线；在云南“桥头堡”建设的推进下，还实施“开放活州”战略，新建立了一批口岸检楼、道路、通信、集装箱码头及查验配套设施等项目，逐步实现了通关便利化。

西双版纳拥有种类繁多的动植物资源，绚烂缤纷的热带、亚热带雨林风光，浓郁多彩的民族文化，这些丰富的自然人文资源造就了西双版纳旅游业的大发展。1982年，西双版纳风景名胜区因景观独特，经国务院批准被定为第一批国家重点风景名胜区。“十一五”以来，围绕建设国际生态旅游州的目标，新建了一批旅游重大项目，热带植物园创建为国家5A级景区，全州国家4A级旅游景区达9个，拥有星级酒店50余家。西双版纳的旅游业正从传统向现代旅游业转变。

社会生活

经济的高速发展，发达的交通网络，使得西双版纳的经济综合实力发生了翻天覆地的变化，文教卫生事业迅速发展，人民生活水平显著提高。据统计，2012年，全州实现地区生产总值230.6亿元，规模以上固定资产投资达160亿元；对外贸易总额实现15.1亿美元，实现社会消费品零售总额71亿元，地方公共财政预算收入22.2亿元，农民的人均纯收入由1952年的62元提高到2012年的6 137元，增长96.4倍；城镇居民人均可支配收入由1990年的908元提高到2012年的17 961元，年均增长14.5%；西双版纳有各级各类学校273所（其中各类民族学校10所），比1952年的34所增长了8倍，基本实现普及九年义务教育，人口覆盖率达到100%。同时，建立了健全的疾病预防控制体系、医疗救助体系、农村卫生服务体系，地方流行性疾病得到有效防治，实现了村村有卫生室的目标。全州机动车达35万辆，各种现代化的家用电器、通信工具及互联网进入千家万户，现代文明已渗透到西双版纳各民族生产生活的方方面面。此外，西双版纳也创造了诸多全国全省的“第一”：普洱茶总产量、销售总额居全国第一；香蕉产量居全国第一；橡胶干胶产量位居全国之冠，为中国第二大橡胶基地的核心区；优质水稻和稻鱼共生面积、产量居全省第一，还建成了国家级和省级的南药、石斛、汉麻等基地。

经过60余年的发展，西双版纳各项事业发展迅速，昔日的贫穷落后之地，逐步发展成为了经济繁荣、民族团结、社会稳定、边防巩固、科教进步、生活富裕、生态优良、环境优美的社会主义新边疆。

德宏傣族景颇族自治州

“有一个美丽的地方……傣族人民在这里生长……密密的寨子紧紧相连……那弯弯的河水……”这首旋律优美的歌曲在向人们诉说一个美丽而又富饶的地方，这就是被誉为“孔雀之乡”的德宏。

自然概貌

“德宏”是傣语的音译，意即“怒江下游的地方”。它地处云南省西部，北回归线以南，与缅甸联邦接壤，是古代“南方丝绸之路”的出口，也是我国面向东南亚、南亚的重要陆路通道，国境线长达503.8公里，有24个乡镇、600多个村寨与缅甸村寨毗邻。当地世居民族跨境而居，同语同俗，文化相近，友好往来、经济合作、文化交流源远流长，具有深厚的人缘基础和文化积淀。德宏州是云南省8个少数民族自治州之一，辖2个县级市和3个县。土地面积1.15万平方公里，“三江”（即大盈江、瑞丽江、怒江）“四河”（芒市河、南畹河、户撒河、芒东河）流经境内。据全国第六次人口普查，德宏总人口为1 211 440人，有傣、景颇、汉、傈僳、阿昌、德昂等多个民族，是一个有着灿烂历史文化和独特民族风情的美丽地方。

德宏风光 ▶

德宏处于亚热带地区，以其迷人的南亚热带自然风光、丰富稀有的物产资源、浓郁多彩的少数民族风情，被人们赞誉为“孔雀之乡”“动植物王国”“生物宝库”“鱼米之乡”“香料王国”等。自治州内有种类繁多的动植物资源，有陆地野生动物719种，其中国家级、省级保护野生动物130种。有高等植物318科、1 886属、6 023种，其中国家级保护植物有94种。德宏的矿产资源种类也极其繁多，境内已探明的有色金属矿有锡、铅、锌、铜、钨、铬、镍；黑色金属矿有铁，特有金属矿产有铀、锗、黏土，特种非金属矿有云母、水晶、宝石、石灰石等。水资源非常丰富，水资源总量218亿立方米。

人文历史

德宏人杰地灵，不仅有丰富的自然资源，还有灿烂的人文资源。这里是傣族民主革命先驱、著名爱国志士刀安仁先生的故里，也有民国元勋、辛亥革命名将李根源；有勐巴娜西珍奇园、“傣族故宫”南甸宣抚司署和莫里热带雨林3个国家4A级旅游景区；有风情浓郁的傣族村寨、金碧辉煌的寺院塔林；有傣族、德昂族的泼水节，景颇族的目脑纵歌节、傈僳族的阔时节……

自汉武帝开发西南夷，设置益州郡以来，历代王朝都将德宏纳入了统治范围之内。公元前424年后，傣族先民在今瑞丽江河谷建立了勐果占壁王国（傣语称勐卯弄）。约公元前4世纪，中国历史上最早的一条国际陆路交通线“西南丝路”开通，内地四川、大理等地的货物经由这条“西南丝路”运往缅甸、印度、阿富汗、巴基斯坦等地，而德宏成为通往这条西南丝路的必经之地。所以，德宏自古以来就是通往东南亚和南亚的重要口岸，地理位置十分显要。

新中国建立前，德宏农业处于自给自足的自然经济状态，傣族的农业生产基本上是单一的水稻种植，劳动生产力低下，生产工具以传统的牛耕和铁木农具为主；现代工业一片空白，只有零星小工业和简陋的加工作坊；深受瘟疫、战争、毒品等危害，各族人民处于“高出生、高死亡、低发展”的状态之中。1950年，德宏获得解放。1953年7月，在党中央、国务院和云南省委、省政府的正确领导和关心支持下，德宏傣族景颇族自治区宣告成立。1955年，进行土地改革，彻底废除了土司制度，德宏各族人民获得新生。1956年，“自治区”更名为“自治州”。从此，全州各族人民在党和人民政府的领导下，自力更生，团结奋斗，经过60年的发展，迅速改变了过去一穷二白和“瘴疠之乡”的社会面貌，使德宏州的经济社会发生了翻天覆地的变化，经济总量不断增大，综合实力大幅提升，全州生产总值由3 061万元增加到201亿元，经济结构进一步优化。不仅基础设施建设快速发展，民生显著改善，而且边疆和谐安宁，各民族团结进步，繁荣发展。

经济建设

1953年德宏建州初期，全州耕地面积70余万亩，而粮食总产量只有12万余吨。而建州以来，特别是改革开放以后，历届州委、州政府团结带领全州各族干部群众，兴修水利，平田改土，科学种植，大力发展特色农业。直至2012年全州已建成中小型水库70座，引水工程9 859项，水利工程年供水量为75 709万立方米，有效灌溉面积达107.52万亩；粮食总产量由12.9万吨增加到73.5万吨，实现粮食“九连增”，成为全省唯一净调出粮的地区；冬农开发和烟草种植成为农业结构调整、农民增收、企业增效、财政增长新亮点，完成冬农开发113万亩、烟草种植15.3万亩，农林牧渔业总产值由解放初期的3 423万元增加到了91.34亿元。生物特色产业快速发展，创建中国咖啡之乡、坚果之乡、石斛之乡，“后谷”评定为中国驰名商标，实现驰名商标零的突破。咖啡、澳洲坚果、西南桦种植面积居全国第一位，柠檬、优质稻种植面积居全省第一位，全省最大的水牛奶基地和品牌已经形成。

工业从无到有，从小到大，形成了制糖、冶金、电力、机械、化工、建材、纺织、造纸、皮革、食品等多门类的工业体系，推进工业园区建设，积极培育发展加工业。至2013年，全州工业总产值达到157.3亿元，工业化进程进一步推进，芒市工业园、瑞丽工业园等重点产业园区建设不断提速，建成龙江水利枢纽工程、大盈江四级电站、万吨速溶咖啡等工业项目，水能电冶产业成为工业发展的新增长点。珠宝玉石、红木加工产业集群初步形成，成为旅游文化产业发展的重要支撑和亮丽名片。

市政、能源、交通等基础设施建设飞速发展。2012年，全州固定资产投资由62万元增加到157.9亿元。建成水电站135座，总装机286.9万千瓦，发电量由1955年的1万千瓦时增至2012年的114.7亿千瓦时；芒市体育运动中心、机场大道、瑞丽大道、盈江允燕大道等一批市政基础设施建成使用，全州城镇化率达37.53%；全州交通基础设施建设获得了重大突破，公路通车里程由建州初期不足200公里增至2012年的7 504公里；芒市机场建设成为4C级机场并列入国家口岸机场规划；中缅油气管道德宏段建设快速推进，龙瑞高速公路、芒瑞城际大道等重大项目开工建

设。同时，中缅国际铁路和高速公路、中缅陆水联运通道等直达印度洋国际大通道建设正在规划建设中。

▲

芒市全景

社会生活

教育、医疗、就业、社会保障等社会事业发展迅速。建州60年来，全州小学在校学生达到104 503名，普通中学在校学生达到61 514名，全面实现了城乡免费义务教育，初步建成了比较完善的德宏民族教育体系。办学条件大幅改善，教育质量不断提高，各级各类教育协调发展，成立了州中等职业学校、职业学院，州民一中跨入省一级二等高中行列，顺利通过国家“两基”检查验收，并荣获2009年云南省教育目标管理考核一等奖；公共卫生服务体系不断健全，城乡医保基本实现全覆盖，相继建成一大批州、县（市）人民医院、中医院住院楼、门诊楼，社区医院、乡镇卫生院、村卫生室建设成效显著，卫生机构床位数达到4 543张，卫生技术人员达到4 610名，“看病难、看病贵”进一步缓解；就业和再就业工作显著加强，培训农村劳动力11.1万人次、转移农民工20.8万人次。城乡社会保障基本实现全覆盖，社

2014年瑞丽泼水节庆典

会救助和社会福利体系进一步健全。神奇美丽的德宏，正一步步跨入和谐社会。

民生改善，社会进步。通过60年的发展，各族群众的生产生活条件进一步改善。至2012年，城镇居民人均可支配收入达到17 662元，农村居民人均纯收入达到4 763元；发放基础养老金1.2亿元、低保金2.8亿元；投入1 500万元专项资金建设“菜篮子”工程，实施流通环节食品快速检测，加强农村食品配送、边民互市外国食品监管；确保市场物价稳定和消费安全，居民消费价格总水平涨幅为3.5%；还积极争取政策，提高干部职工津补贴待遇；人口计生惠民政策全面落实；民族文化繁荣发展，群众文化生活丰富多彩。

对外开放

对外开放取得新成绩。德宏是南方古丝绸之路的要塞，同时也是滇缅公路、史迪威公路、中印输油管道三大通道的出入口。因此，它作为我国大西南的重要门户，不仅是连接中国经济区、东南亚经济区、南亚经济区这三大经济区的交会地，而且是连接云南与缅甸国际大通道、南向印度洋的经济走廊和关键枢纽环节，其战略地位和经济地位十分显著。从1952年畹町作为政务院首批对外公布的国家一级口岸被载入史册开始，现今的德宏已成为中国对外交往的重要窗口之一。2012年7月9日，国务院正式批准《云南瑞丽重点开发开放试验区建设实施方案》，瑞丽再次进入了国家层次的战略布局中。随着我国与东南亚、南亚的关系加强，实施南向战略，德宏州特殊地理位置显得越来越突出。在改革发展的推动和国家政策的支持下，今天的德宏，拥有一个国家重点开发开放试验区（瑞丽），瑞丽、畹町两个国家一类口岸，章凤、盈江两个国家二类口岸、两个边境经济合作区和中国唯一实行“境内关外”特殊管理模式的姐告边境贸易区，形成了独具自身特色的全方位的对外开放格局。在改革开放中一直敢于先行先试的德宏，充分利用边境优势、区位优势、通道优势、通关优势和产业优势，找到了新的突破口和增长点。对外贸易快速发展，进出口总额稳居全省前列。全州外贸进出口总额从1953年的318万元增加到2012年的15.9亿美元，连续多年占云南省对缅贸易的60%以上，占全国对缅贸易的25%以上。2012年，瑞丽口岸出入境货运量、进出口额等在全省口岸中排名第一。今日德宏所处的地位不仅在中缅两国关系、两国经贸合作中发挥着不可替代的桥梁和纽带作用，而且在我国面向东南亚、南亚和南向印度洋的发展战略中有着特殊的地位和作用，必将成为中国面向西南开放桥头堡上的一颗耀眼的明珠。

德宏60年的发展，是沧桑巨变的60年。这片曾经生产落后、田园荒芜、百业萧条的边陲之地，如今处处洋溢着繁荣昌盛的景象，人民生活幸福，经济繁荣发展，社会保障健全，生态环境良好。未来的德宏，将是一个富裕开放、和谐安宁、民族团结的社会主义新边疆。

中华人民共和国瑞丽口岸

七个自治县

孟连傣族拉祜族佤族自治县

孟连位于云南省南部，隶属普洱市，与缅甸接壤，有两条陆路通道直达缅甸的主要城市景栋和腊戍，是我国通向东南亚各国的重要门户之一。全县总面积达1 894.14平方公里，境内山谷相间，地形复杂多变。属南亚热带湿润气候类型，年平均气温为19.9℃，全年平均降雨量1 375毫米。地势复杂，海拔高低不同，境内气候垂直变化明显。丰富的热量和雨量为孟连提供了丰富的自然资源：热区土地面积巨大，适宜种植水稻、旱稻、玉米、茶叶、咖啡、甘蔗、橡胶等亚热带作物；动植物资源丰富，生长着龙血树、柚木、楠木、紫柚木等稀有植物以及虎、豹、熊、猴、山驴、穿山甲等珍稀动物。其中龙血树资源丰富，数量居全国血竭资源之首，是宝贵的药物资源；已探明的矿产有煤、金、铂、银、铁、锡及水晶石等；县内河流纵横，水能资源极其丰富。

孟连，傣语意为“寻找到的好地方”，其历史源远流长。西汉时期，其县境就被纳入中央王朝的版图。据传，孟连傣族聚居区曾因发生瘟疫，百姓向外逃散，直至700多年前，人们才重新

孟连宣抚使议事厅

发现了这块美丽的土地，并在此定居生息繁衍。

1949年1月，孟连获得解放，1954年6月16日成立孟连傣族拉祜族佤族自治区，各族人民获得了当家做主的权利。1959年改为孟连傣族拉祜族佤族自治县。全县总人口约14万人，居住着傣族、拉祜族、佤族等21个少数民族，占总人口的79.01%。下辖3个镇和3个乡，傣族主要分布在娜允、勐马、景信、公信等乡镇。这里的傣族历史文化积淀深厚，曾历经四个朝代、660余年、28代傣族土司的统治，形成了独具特色的傣族土司文化，保存有当今中国最完好、被评为中国历史文化名城、云南十大魅力名镇的傣族古镇——“娜允古镇”，特别是古镇内的孟连宣抚司署是全国重点文物保护单位，也是云南省边疆民族地区18个土司衙门中保存最完整的一座。2014年，孟连县傣族织锦荣获全国非物质文化遗产联展铜奖。

孟连素有“边地绿宝石”“龙血树故乡”的美誉，独特的区位和丰富的资源为孟连的发展创造了有利条件。改革开放以来，特别是近年来，孟连充分挖掘和发挥热区资源、沿边口岸、民族文化旅游三大优势，扎实打基础，全力抓改革，弘扬敢为人先、迎难而上、艰苦创业、团结务实、兴我孟连的“孟连精神”，创新管理促和谐，群众工作经验得到了中央和云南省委的肯定，经济社会实现了跨越式发展。

耿马傣族佤族自治县

耿马地处临沧市西南部，与缅甸山水相连，国境线长47.35公里，是云南通往缅甸的重要门户和陆上捷径，国家粮食和蔗糖基地，云南民营橡胶生产区，蒸酶茶之乡，土地资源和生物资源富集之地。全县总面积3 837平方公里，是临沧市国土面积最大的县。其中，山地面积约占92.2%，坝区约占7.6%。县内地势东北高，西南低，呈阶梯状，

刺绣的傣族妇女

▲

耿马三尖山

属南亚热带季风气候，境内金、银、铜、铁等矿藏资源丰富，孟加拉虎、金钱豹等被列入国家重点保护的珍稀动物。

“耿马”，傣语为“勐相耿坎”，意为跟随白色神马寻觅到的黄金宝石之地，境内外傣族民众称之为“勐相耿罕”。1950年11月22日耿马解放。1955年10月16日成立耿马傣族佤族自治县，是云南省29个少数民族自治县和25个边境县之一，“热、宽、边、山、多”是耿马的五大显著特点。2011年末，全县总人口28.49万余人，世居着傣、佤、拉祜、彝、布朗、傈僳、德昂、景颇、回、汉10个民族。其中少数民族人口15.73万人，占全县总人口的55.24%；傣族人口为5.9万余人，约占全县总人口的20%，主要分布于孟定镇、耿马镇、贺派乡、勐撒镇、勐永镇、勐简乡等5个乡镇。耿马是除西双版纳和德宏两个傣族主要聚居区之外又一个主要的傣族聚居区，辖9个乡（镇），1个华侨管理区，孟定、勐撒两个农场管委会，82个村民委员会和3个社区，其中孟定镇为副县级镇，国家一类开放口岸，2011年被列为省级对外开放经济合作区。

经过60余年的发展，耿马已形成以粮、糖、胶、茶、畜、边贸为优势产业，工农商技贸同步发展的产业格局。其中，耿马糖业有限责任公司已进入中国制糖业十强，西南最大的制糖企业；云南耿马蒸酶茶（集团）有限公司生产的“回味牌”高级蒸酶茶驰名中外；孟定生产的优质橡胶成为了免检产品。一批水利、交通、城镇、通信等重点工程不断取得新突破，水利化程度有较大提高，交通瓶颈的制约得到缓解，通信建设迅猛发展。全省唯一的副县级镇、省级口岸——孟定镇，经过多年的努力，各项基础设施逐步完善，已成为云南省集商贸、旅游、文化于一身的边陲重镇，被誉为滇西南的“现代丝绸之路”和“黄金口岸”。全县社会经济已逐步驶入发展快车道，并呈现出经济发展、民族团结、社会稳定、边防巩固、人民安居乐业的可喜局面。

元江哈尼族彝族傣族自治县

元江位于云南省中南部，因地处红河流域元江中上游而得名。总面积2 858平方公里，其中山区面积2 766.54平方公里，占总面积的96.8%，坝区面积91.46平方公里，占总面积的3.2%。元江山川毓秀，物华天宝，素有“天然温室”“哀牢明珠”的美誉。境内山坝相间，地势高低起伏，地形地貌多样，年均气温23.8℃，年均降水量31.483亿立方米，立体气候特点明显。全县

元江风光

植被覆盖率62.9%，森林覆盖率41.5%，得天独厚的自然环境使得元江的动植物和矿产资源极其丰富。拥有野生动物资源100多种，农作物资源163种，经济作物资源228种，林木资源2000多种，药材资源58科87属170多种，花卉品种资源61科224种。其中尤以芒果、荔枝、香蕉、菠萝等经济林果和芦荟、茉莉花、热带花卉等特色生物资源的优势突出；矿产丰富多样，有金、银、铜、钴、镍、石膏、蛇纹石等，其中镍矿蕴藏量位居全国第二。

元江，古有“滇南雄镇”之盛名。1949年8月，元江县临时人民政府成立。1980年11月22日，元江哈尼族彝族傣族自治县正式成立。全县人口20余万，下辖10个乡（镇）以及红光农场、红河华侨农场、甘庄华侨农场。共有70个村民委员会、5个居民委员会，705个村民小组，644个自然村。这是一个以哈尼、彝族、傣族为主体多民族和睦共处的民族自治县，少数民族约占总人口的80%。

伴随着新中国的发展和腾飞，元江的社会经济快速发展。特别是随着县域经济综合实力的增强，将推进未来的元江深化改革开放，改善民生，并以绿色产业为经济支柱，发展壮大特色农业，巩固提升工业，促进商贸和旅游的繁荣发展，从而实现新型工业化、信息化、城镇化和农业现代化的目标，将元江建设成人与自然和谐相处，具有热带亚热带风光和民族特色的生态绿色经济县。

新平彝族傣族自治县

新平是花腰傣的故乡，哀牢山中的一颗明珠。新平地处云南省中部偏西南。全县总面积4 223平方公里，其中山区面积4 139.6平方公里，坝区面积83.4平方公里。县内地势西北高，东南低，立体气候特征明显，形成河谷高温区、半山暖温区、高山寒温区三个气候类型。境内有元江、绿汁江、大春河、南恩河等，一江32条河蕴藏着巨大的水能资源，蕴藏量达127.22万千瓦，居玉溪市首位。全县共有林地面积353万亩，占全县土地面积的55.8%。有高等植物219科762属1 402种，有国家一级保护植物伯乐树、二级保护植物水青树、三级保护植物翠柏等；兽类75种，禽类153种，两栖爬行类45种，昆虫类130余种，其中有一级保护动物绿孔雀、二级保护动物白鹇等。哀牢山自然保护区

▲

孔雀

新平花腰傣文化传习馆开馆庆典

是原始生态最为典型，为世界同纬度生物多样化，同类型植物群落保留最完整的地区，被列为联合国“人与生物圈”森林生态系统定位观察站和国际候鸟保护基地。境内金属矿产和非金属矿产资源种类丰富多样，有金、银、铜、铁、铬、白云石、蛇纹石、石棉、水晶、大理石等37种，其中，铁、铜矿石蕴藏量分别占全省探明储量的48%和25%。

新平属古西南荒裔，四五千年以前，这里是古西南羌、濮、越族群部落居住地。1949年9月17日，新平县人民政府建立。1980年11月25日，正式成立新平彝族傣族自治县。2012年，全县人口274 005人，其中，彝族、傣族人口178 100人，占全县总人口的64.97%。境内有彝族、傣族、哈尼族、拉祜族、汉族等17个民族居住，其中，彝族、傣族是主体民族。2012年，全县辖10个乡（镇）以及桂山街道办事处、古城街道办事处，共设村（居）民委员会123个，村（居）民小组1 466个。

花街节：蒙面情歌女歌手

新平具有自然景观“雄、险、秀”，民族风情“古、雅、奇”的特征，特别是民族文化底蕴丰厚而古朴，红河谷花腰傣“花街情人节”，哀牢山彝族“赏花打歌节”等民俗独具特色。进入21世纪以来，新平在经济快速发展的同时，投入了大量的财力，着力解决上学、看病、就业等涉及群众切身利益的问题，民生问题显著改善，各项社会事业蓬勃发展。2012年，全县实现生产总值848 186万元，农民人均纯收入6 666元，城镇居民人均可支配收入21 262元。近年来，新平围绕“旅游活县”的战略目标，着力打造“花腰傣”“哀牢山”旅游品牌，努力将新平建设成为国内知名的亚热带生态民族风情旅游目的地及云南省旅游经济强县之一。

金平苗族瑶族傣族自治县

金平位于云南省红河哈尼族彝族自治州南部，与越南接壤。全县国土总面积3 677平方公里。全境地势西北高，东南低，地处北回归线以南，属南亚热带季风气候，年均气温18°C左右。金平县是一个资源富集的宝地，多种多样的地形地貌及气候类型，为金平提供了丰富多样的自然资源：全县森林面积106.7万亩，森林覆盖率为19.7%。拥有50余种（全省75种）速生珍贵树种，属国家一、二、三级保护植物的有东京龙脑香、被誉为“奇迹树”的团花、桫椤、长蕊木兰、鸡毛松等38种珍贵树种。草果产量居全国各植区县首位，誉称“草果之乡”；动物资源丰富，有无脊椎动物43种，脊椎动物291种。其中，列为国家一级保护动物的有懒猴、蟒等13种，列为国家二级保护动物的有穿山甲、水

金平傣族民间活动

獭等20种，形成了繁多的生物种群资源；有金、铜、钼、镍、钴、锡、锌、钨、铁、铬、稀土等13种矿藏资源，极具开发潜能；县内有藤条江、红河两大水系，水能资源蕴藏量巨大。

1985年，金平苗族瑶族傣族自治县成立，全县辖2个镇、11个乡，共设93个村委会、4个社区、1 061个自然村、1 133个村民小组，总人口36.2万。世居着苗、瑶、傣、哈尼、彝、汉、壮、拉祜、布朗等9个民族，是一个集边疆、山区、多民族、原战区、贫困五位一体的国家重点扶贫开发县，具有边、山、民、战、贫五个特点。由于金平是国家级扶贫开发重点县，有6个扶贫攻坚乡，为红河州贫困人口最多、贫困面最大、贫困程度最深的县。针对这一突出的贫困问题，长期以来，特别是近年来，金平苗族瑶族傣族自治县县委、县政府带领全县各族人民采取有效措施，抢抓机遇，攻坚克难，努力克服各种制约经济社会发展的瓶颈，使得全县经济社会保持了平稳较快发展。

景谷傣族彝族自治县

景谷位于云南省西部，北回归线从县城附近通过。全县总面积达7 777平方公里，县内居住着汉、傣、彝、基诺、怒等24个民族。总人口29万余人，以傣族、彝族为主的少数民族人口占46.3%。大部分地区属南亚热带气候，四季分明，气候比较温和，年均气温20℃左右，热量充足，雨量充沛。山区占全县总面

景谷总佛寺

景谷傣族赕佛

积的94%，海拔多在850～1 150米之间。森林资源是景谷最大的优势资源，全县林业用地874.9万亩，占总面积的77.5%，人均拥有林业用地30亩，是云南省人均的3倍，是全国人均的10倍；森林覆盖率达74.7%，为全国森林覆盖率的5倍多。多样的地形和适宜的气候，再加上肥沃的土地，景谷自然资源得天独厚，矿产资源丰富，野生动物众多。盛产水稻、玉米、小麦、豆类等粮食作物和甘蔗、咖啡、茶叶、花生、水果等经济作物，松香产量居云南省第一，因盛产象牙芒果和森林资源丰富而被冠以“芒果之乡”及“林海明珠”等美誉。与此同时，景谷也是载誉中外的“普洱茶”的主要产地和云南四大盐区之一。

景谷古称“勐卧”，意即“有盐井的地方”。景谷历史悠久，西汉元封二年（前109）即属益州郡哀牢地。1949年景谷和平解放，同年6月6日成立景谷县人民政府。1985年12月25日，正式成立景谷傣族彝族自治县，下辖10个乡（镇）。

党的十一届三中全会后，特别是成立景谷傣族彝族自治县，依法实行民族区域自治以来，全县经济实力大幅提升，农村经济全面发展，绿色工业快速崛起，能源、交通、运输、通信等基础设施建设得到加强和改善，民族教育、文化、卫生事业长足发展，民族工作成就辉煌，人民生活水平不断提高。

双江拉祜族佤族布朗族傣族自治县

双江位于云南省西南部，北回归线横穿县境中部，因澜沧江和小黑江汇于县境东南而得名“双江”。全县国土面积2 165.03平方公里，地貌高差悬殊、谷山交错、河溪纵横，立体气候特征明显，属南亚热带暖湿季风气候，年平均气温20℃左右，年均降雨量在1 000毫米至1 200毫米左右。自治县下辖4乡、2镇、72个村民委员会、3个社区以及勐库华侨管理区、双江农场管委会，总人口17万人，其中少数民族人口占45%，世居着拉祜、佤、布朗、傣、彝、汉等6个民族。1985年6月11日，经国务院批准成立双江拉祜族佤族布朗族傣族自治县。

双江是北回归线上的一颗绿色明珠，气候优越、物产繁多、资源丰富。盛产水稻、小麦和甘蔗、茶叶、核桃、橡胶、烤烟、亚热带水果等多种粮食作物和经济作物；野生稀有药材。种类更是丰富，经普查，有植物药材81科195种，菌类药材4科7种；已探明铁、褐煤、铅、铜、锑、铀、水晶、石棉、石墨、硫黄、云母及大理石、硅藻土等矿产资源；双江勐库大雪山还保存有国内外已发现的海拔最高、面积最广、密度最大、原始植被保存最完整的12 000亩世界第一野生古茶树群落；同时，境内还有栽培史长达百年以上的古茶园近两万亩，被专家认定为“世界茶树的

双江白象寺

双江风光——云海涌动

原产地之一”。优越的生态环境、独特的气候条件、优质的原料基地，造就了“勐库普洱茶”这一誉满神州的知名品牌，被国家农业部认证为无公害放心茶。

双江是一个多元民族文化之乡，堪称“和谐多元民族文化融合的活化石”。这里的傣族手工制陶，布朗族的纺织、牛肚被和蜂桶鼓舞，佤族的鸡枞陀螺，拉祜族的72路打歌以及各民族独具特色的茶文化闻名遐迩。多姿多彩的民族文化资源及丰富多样的自然资源，为双江的跨越式发展提供了更加广阔的空间。

参考文献

1. 江应樑著. 傣族史. 成都：四川民族出版社，1983

2.《傣族简史》编写组. 傣族简史. 昆明：云南民族出版社，1986

3. 黄惠焜著. 从越人到泰人. 昆明：云南民族出版社，1992

4. 岩峰，王松，刀保尧著. 傣族文学史. 昆明：云南民族出版社，1995

5. 岩峰著. 傣族文化大观. 昆明：云南民族出版社，1999

6. 张增祺著. 滇国与滇文化. 昆明：云南美术出版社，1997

7. 范宏贵著. 同根生的民族——壮泰各族渊源与文化. 北京：光明日报出版社，2000

8. 岩温扁译. 巴塔麻嘎捧尚罗. 昆明：云南人民出版社，1989

9. 王文光，李晓斌著. 百越民族发展演变史. 北京：民族出版社，2007

10. 艾罕炳著. 贝叶神韵. 昆明：云南人民出版社，2009

11. 艾罕炳著. 西双版纳傣族赕文化. 昆明：云南人民出版社，2010

12. 艾罕炳著. 西双版纳傣族拴线系魂文化. 昆明：云南大学出版社，2011

13. 艾罕炳著. 南传佛教与傣族. 昆明：云南人民出版社，2012

14. 高力士著. 傣族竜林文化研究. 昆明：云南民族出版社，2010

15. 黄惠焜. "贝叶文化"十论. 思想战线，2000（5）

16. 高立士. 傣族支系研究. 北京：中央民族大学学报，1998（6）

图片提供者

（按姓氏笔画为序）

刀明贵
第55页
第57页
第58页（上）
第60页
第61页
第71页
第72页（下）
许云华
第105页（下）
许永杰
第8页
第21页
第24页
第25页（下）
第26页
第27页（下）
第31页
第32页
第33页
第38页
第42页（下）
第50页（上）
第56页
第58页（下）
第59页
第63页
第64页
第65页(右、左上、左中)
第66页（上）
第68页（两幅）
第70页（两幅）
第76页（下）
第77页
第79页（两幅）
第80页
第83页
第84页（下）
第86页（三幅）
第87页
第89页（两幅）
第90页
第92页（两幅）
第93页
第96页（两幅）
第99页（下）
第101页（上）
第104页
第105页（上）
第107页
第108页（下）
第123页（上）
第125页
第137页
第142页（下）
第146页（上）
第148页
第164页（下）
第168页
第170页
第174页
第175页
第178页
第181页
第192页
第194页（上）
第195页（上）
第196页
第208页
吕叶
第29页（下）
李孝伟
第69页
杨建忠
第42页（上）
第94页（两幅）
第114页
第149页（上）
岩甩冬
第40页
岩庄丙
第136页
第139页
第140页
岩更
第85页
岩林
第27页（上）
第28页
第30页（上）
第43页（上）
第44页（上）
第53页
第54页
第72页（上）
第122页（下）
第182页
第183页
第184页
第185页
第204页
第207页
第209页（下）
第210页
第211页
第212页
赵瑛
第10页
第11页（两幅）
第13页（两幅）
第15页（下）
第16页
第17页（两幅）
第18页（两幅）
第19页
第23页
第25页（上）
第29页（上）
第34页
第35页
第36页
第37页
第44页（下）
第45页（上）
第46页（三幅）
第47页（三幅）
第48页（两幅）
第49页（三幅）
第50页（中、下）
第51页（四幅）
第52页
第65页（左下）
第66–67页（下）
第67页
第74页
第75页
第76页（上）
第78页
第81页
第82页
第84页（上）
第88页
第91页
第97页（两幅）
第99页（上）
第100页（上）
第101页（下）
第102页
第106页
第108页（上）
第109页
第110页
第112页
第115页
第116页（三幅）
第117页（两幅）
第118页
第119页（两幅）
第121页
第122页（上）
第123页（下）
第127页
第128页
第129页
第130页
第131页（两幅）
第132页（三幅）
第133页（三幅）
第142页
第143页（两幅）
第144页
第145页
第146页（下）
第147页
第150页
第152页
第153页
第154页
第156页（两幅）
第157页（四幅）
第158页
第159页
第160页
第161页（三幅）
第162页
第163页
第165页（两幅）
第166页
第167页
第171页
第172页
第173页
第176页（上）
第179页（三幅）
第180页
第186页
第187页
第188页（两幅）
第189页
第191页
第193页
第194页（中、下）
第195页（下）
第198页
第201页
第202页
第203页
第213页
第214页
南桂香
第41页
第43页（中）
第100页（下）
第149页（下）
第155页
第164页（上）
耿马民族博物馆
第9页
第15页（上、中）
耿马县宣传部
第190页
第205页
第206页
龚艾保
第209页（上）
蔡锡德
第30页（下）
第43页（下）
第62页
第176页（下）
第177页
中国少数民族文物图典
第45页（下）

后记

傣族历史悠久，贝叶文化源远流长，丰富多彩。作为一名傣族学者，长期从事傣泰民族以及其他民族历史文化研究二十余年，有着丰厚的学术积淀，收集了许多云南少数民族的历史和文化资料，积累了丰富的田野调查经验，与当地少数民族群众和干部结下了深厚的友谊，并出版和发表了许多论著，这些均为本书的撰写奠定了坚实的基础。

自接受辽宁民族出版社《走近中国少数民族丛书·傣族》编委会的邀请后，我始终怀着忐忑不安的心情，因为要将博大精深的傣族传统文化的全貌展现给读者，并兼而论及所有傣族地区的历史与文化，显然并非易事，所幸的是，在撰写书稿的整个过程中，一直得到云南省傣学会领导刀爱民、艾罕炳、何少林等先生以及家人的鼎力相助。此外，还得到了辽宁民族出版社责任编辑白兰英老师的大力支持和帮助，使得本书的编写和出版顺利完成。

因工作繁忙，多项科研任务在身，加之要撰写此书稿，深感分身乏术。尽管如此，我还是以认真负责的态度，坚持不懈地完成了撰写任务。此间，文化人类学专业的硕士研究生何潇、金悦、罗雁、刘小艳、项婧等参与了收集和整理资料的工作。

需要说明的是，本书所采用的图片，除了有一部分是自己在长期的田野调查过程中拍摄的之外，其余大部分图片均由景洪市史志办的许永杰先生提供，他的热情帮助令我感动不已，特别是他拍摄的精美绝伦的图片为本书增色不少。此外，岩林、南桂香、龚艾保、孟成才、吕叶、岩庄丙、岩甩冬等傣族同胞，以及耿马傣族佤族自治县委宣传部、耿马民族博物馆、蔡锡德、杨建忠、龚文军、李孝伟、岩更、许云华等也提供了许多图片，在此一并向他们表示诚挚的谢意！

由于篇幅有限，本书无法将优秀的傣族传统文化全部涵盖其中。虽说有一丝丝遗憾，但毕竟自己在传承和弘扬傣族文化方面，尽了一份绵薄之力，这既是职责所在，更是一件乐而为之的事情。

赵　瑛

2014年6月于春城昆明